東大視点

ものごとの本質を見抜くための31の疑問

西岡壱誠
Issei Nishioka

幻冬舎

はじめに

みなさんのインプットの「質」は、よいものでしょうか？

本を読むとき、人の話を聞くとき、ニュースを見るときなど、人はいろんな場所で情報を自分の頭の中にインプットしています。機械に情報を打ち込むように、自分の頭の中に情報を入力しているわけです。

でも、人によっては良質なインプットができていないかもしれません。

例えば同じニュースを見ていたとしても、**そこから得られる情報量が1しかない人もいれば、そのニュースの一部分の言葉やデータに注目し、「ってことは、こういうことになるよな……」と、そこから発展させて10の情報量を得る人もいます。**

同じものを見ていても、違う結論に行きついたり、違う何かを察することができる人もいる。**頭がいい人とそうでない人は、見ているものや読んでいる本、使っている参考書、購読する新聞がもし同じであったとしても、全然違う情報**

量をインプットしているかもしれないのです。だからこそ理解力にどんどん差がついてしまうわけですね。

ちょっと話は変わりますが、推理小説では探偵が登場しますよね。例えば世界で一番有名な推理小説のひとつに「シャーロック・ホームズ」シリーズがあります。

この物語では、ホームズ探偵と、助手のワトソンが登場し、数々の事件をホームズが解決していきます。事件現場に行ったり相手から話を聞いたりするうちに、ホームズは、ワトソンが見ても気付かないようなちょっとしたポイントを観察して、「これはきっとこういうことだな」「犯人はきっ

と、この凶器を使ったに違いない」と推理していきます。ワトソンがそれに対して「すごい！　どうしてわかったんだ？」と聞くと、ホームズは「初歩的なことだよ」と答える、というのが一連の流れになっています。

このホームズ探偵のように、頭のいい人は、「注目する視点」が違います。普通の人が見てもあまり気付かないようなポイントを観察して、「これってもしかして」と考えることができるのです。頭のいいことを「1を聞いて10を知る」と言いますよね。それはきっと、こういうメカニズムで起こっていることなのではないでしょうか？

本書は、ワトソンがホームズ探偵になるための一冊です。

日々の生活の中で、ニュースを見たり、データを見たりするときに、「これってもしかして……」ができるようになるための書籍です。東大生が何かを観察するときに、どのようなポイントに注目するのか？　日常生活のニュースで流れる言葉のひとつひとつに注目すると、どんな結論が得られるのか？　本書では、そんな「東大生の視点」を具体例を通して体験し、その感覚を身につけていきます。

第1章では、「言葉に対する感度を高めることで、得られる情報が増えたり、情報の質が上がったりする」ということをお伝えします。第2章では、「数字やデータをよく観察することで、得られる情報が変わる」ということを共有し、第3章では「日常的に目にするものごとに興味を持つと、世の中のしくみがわかる」ということをお伝えしようと思います。

本書を通して、得られる情報が増えて、インプットの質が高まり、「頭がいい人」になっていけるような、そんな問題をたくさん出題していきますので、ぜひお付き合いいただければと思います。それではスタートです！

CONTENTS

第2章 数字・データの理解度を上げる

第3章 日常生活の理解度を上げる　126

東大視点

第1章

言葉の理解度を上げる

東大生や東大卒の人たちと話していると、すごく意識的に、言葉の使い分けを行っていることに気付かされます。例えば、目標と目的を分けて考えて、信用と信頼を別の言葉として捉え、食料と食糧を使い分けています。そうやってひとつひとつの言葉の使い分けによって、相手に伝える情報をより正確にしようとしているのです。

言葉に対する感度が高い人は、言葉のひとつを切り取って、「この言葉を使ったということは、こういう意図があるんだな」と理解することができます。

例えば、信用と信頼には、こんな使い分けがあります。

・**信用**＝客観的に、社会的なステータスなどに鑑みて相手のことを信じられること

・**信頼**＝主観的に、自分の感情として、相手のことを信じられること

これを知っていると、相手から「あなたのことは信用しているが、まだ信頼していない」と言われたときに、「あ、今わざと信用と信頼を使い分けたな。『信用』は客観的に信じることができる状態で、『信頼』は主観的に信じることができる状態だから、この人は自分のことを客観的には評価してくれてい

るけれど、主観的にはまだ様子見の状態だということなんだろうな」なんて具合で受け取れますね。

逆に言葉に対する感度が低いと、相手のちょっとした言葉の使い方に気付くことができず、**その意図を読み間違えてしまうかもしれません。**「なぜ、この言葉を使ったのか」ということを考えながら相手の話を聞いている人とそうでない人とで、大きく理解度が変わってしまうわけです。

ときには、使い分けできていない人と話すこともあるかもしれません。「信頼できないから信用できない」といったように、言葉の意味を混同して使っているケースです。この場合、会話に誤解が生じる可能性があります。

もし、こうした言葉の使い分けを理解せずに乱用している人に対して話す場面があるなら、相手の意図を汲み取ると同時に、自分の言葉の選び方にも注意する必要があります。**適切な説明や例を交えることで、コミュニケーションをスムーズに進めることが大切**です。

また、外国語と日本語との、意味のズレにも気付けるようになりましょう。例えば、日本語で「マンション」と言えば多くの同じような建物を想像します。しかし英語を母語とする人がマンションと聞いても、同じような建物は想像してくれないでしょう。「mansion」は豪邸をさすので、いわゆる日本のマンションとは違うからです。

類似語との違いや、一般的な意味以外に別の意味がある言葉、日本語に直訳するとニュアンスが変わってしまう英語表現など、いろんな言葉に関する教養を得ることで、言葉に対する感度が高まります。そうすることでニュースなどから得る情報や、相手の話をより深く理解できるようになります。

この章を通して、多くの人が言葉に関する教養を身に付けられるよう、いろんな問題を用意しましたので、ぜひやってみてください！

1　なぜ、逮捕された人を報道では「容疑者」と呼ぶのか？

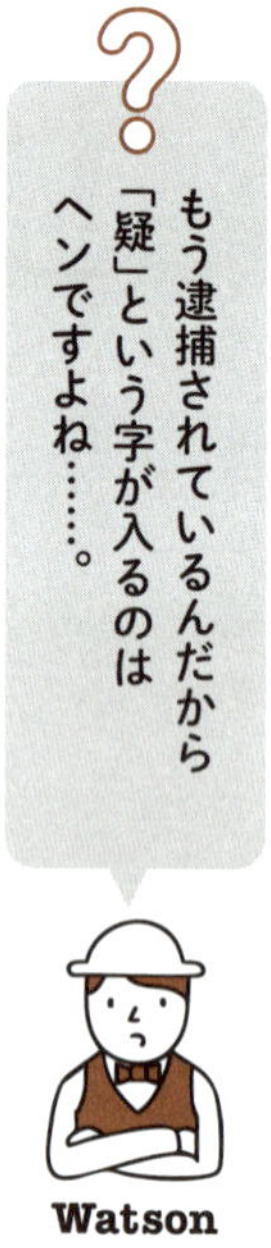
もう逮捕されているんだから「疑」という字が入るのはヘンですよね……。
Watson

「△△県の公道で高齢者が車にはねられ重傷を負った事件で、警察は○○容疑者をひき逃げなどの疑いで逮捕しました。○○容疑者は犯行を認めています」。報道番組を見ていると、このようなフレーズをよく耳にします。

○○さんはすでに警察に逮捕されていて、さらに自分で犯行を認めているのですから、「犯人を逮捕しました」と言ってもよさそうなものですが、なぜ多くのマスコミは、逮捕された人のことを「容疑者」と呼んでいるのでしょうか？

「逮捕」とは、罪を犯したと疑われる人の身柄を強制的に拘束することです。つまり、自ら犯行を認めていたとしても、**犯人（罪を犯した人）だとは、まだ断定できないため、「犯人を逮捕した」という言い方はできない**のです。本人が犯行を認めているか、いないかは、手がかりのひとつにすぎません。

では、「容疑者」という表現が正確かというと、そうでもありません。実はこの**「容疑者」という表現はマスコミならではのもので、法的には「被疑者」と表現します。**

なぜ多くのマスコミは、法的に正確でない「容疑者」という表現を使っているのでしょうか？

そもそも、一説によると、１９８０年代頃までは、罪を犯した疑いのある人を呼び捨てにすることが多かったとされています。そこから、事件報道の倫理的問題が取り沙汰されるようになったことを受けて、マスコミが新しく用い始めたのが、「容疑者」です。**「被疑者」としなかったのは、響きが似ている「被害者」と混同しないためだといわれています。**

関連して、「被告人」という表現も、報道などで見聞きしたことがある方は多いでしょう。「被告人」とは、罪を犯したことを疑われ、起訴された人のことです。つまり、**罪を犯した疑いをかけられている人のうち、起訴前を「被疑者」、起訴後を「被告人」と呼んでいる**わけです。報道を見る限り、マスコミは、このうち「被疑者」のみを「容疑者」という独自の表現で言い換えており、「被告人」は、概ねそのまま使っているように見受けられます。

刑事裁判で有罪判決が確定するまでは、「被疑者（容疑者）」または「被告人」は、罪を犯していないものとして扱われるべきだと考えられています（無罪推定の原則）。

そして、**有罪判決が確定し、かつ、そこで懲役、禁固または拘留を言い渡された人は、「受刑者」**と呼ばれます。似たような表現が多く混乱しがちですが、この機会に違いをしっかり覚えておきましょう。

Holmes' Point

・「容疑者」とは「罪を犯した疑いのある人」のことを指すが、法的には「被疑者」という方が正確

・「被疑者（容疑者）」が起訴されると「被告人」と呼ばれる

Challenge!

逮捕された被疑者が、取調べ等のために身体を拘束される施設は、次のうちどれでしょう？

①留置施設（留置場）　②拘置所　③刑務所

答えは 170 ページ

2 事件の凶器として報道される、「バールのようなもの」って何？

傷跡を見て、なんらかのモノで殴られた、ということがわかっている場合はなんでも「バールのようなもの」と呼ぶのでは？

Watson

日本は諸外国と比べて治安のいい国ではありますが、物騒な事件というものはなかなかゼロにはなりません。日々さまざまな事件が世間を騒がせています。傷害事件が発生したとき、凶器としてよく報道されるのはナイフや包丁といった刃物、ロープ類、そして鈍器です。「バールのようなもので頭部を殴られ意識不明の重体」という報道文句は、誰しも一度は耳にしたことがあるのではないでしょうか。

「バール」とは、てこの原理を利用して釘を抜く、主に鉄でできた棒状の工具です。細くて硬く、比較的身近な工具なので、誰かを殴る凶器には十分なり得るものだと言えます。……ところで、**「バール」はわかるとして、「バールのようなもの」ってなんでしょうか？　なぜ、「ようなもの」と表現して報道されているのでしょうか？**

わざわざ「バールのようなもの」とぼかした表現が採用されている理由は、大きく分けて2つあります。ひとつ目の理由は、なぜ「バールで殴られ」と断言できないのかを考えてみると、実に簡単に見えてきます。**「実際の凶器がまだ見つかっていないから」です。殴られた人の傷跡からして凶器が硬い棒状のものであることは間違いないが、まだ実際の凶器が見つかっていないという場合、バールの可能性が高いとしても100％そうだと断定することはできません。**かといって、棒状の細い金属で、などと事細かに説明していてはむやみに長くなってしまいます。そこで考え出されたのが「バールのようなもので殴られ」という、断言せずとも視聴者に概要をイメージさせることができる定型文です。

2つ目の理由は、事件現場で本当の凶器が見つかっているにもかかわらず、

「バールのようなもので殴られ」とあいまいに報道される背景を考えてみると見えてきます。なぜ正確な情報を隠す必要があるのか？　それは、**「本当の犯人しか知らない情報」が捜査の役に立つから**です。

例えば、とある殺人事件が発生して、現場で血のついた細い鉄パイプが見つかったとします。

おそらく凶器はこの鉄パイプで間違いありませんが、マスコミに対して凶器は「バールのようなもの」であると伝え、そのとおりに報道されたとしましょう。この時、**実際の凶器が鉄パイプであることを知っているのは、警察を除くと本当の犯人だけ**ということになります。

報道の後、「自分がやりました」と自首してきた人がいるとしましょう。その人に対し、警察は「どうやって殺したのか？」と質問します。そこで「鉄パイプで殴りました」という答えが返ってきた場合、それは**本当の犯人しか知らない情報ですので、自白の信憑性が高まります。**

このような、本当の犯人しか知らないような情報を話すことを「秘密の暴露」

といい、容疑者の自白の信憑性が高まるので**有罪の証明に役立つ**のです。

反対に、真犯人であれば必ず知っているはずの事実について、被疑者が全く知らないということが供述内容から明らかになることを「無知の暴露」という場合があります。

相手がその情報を持っているのか、あるいは持っていないのかということは、その被疑者が犯人であるか否かを判断するのに非常に重要であるというわけですね。**凶器が何かということは、犯行に直接関わってくる要素ですから、報道における情報の取り扱いが慎重になる**のも頷けます。

報道があいまいな表現をしているのを見かけたときは、それが単に**「断言できない」だけなのか、そうではなく「あえて断言しない」作戦なのかと考えてみると、事件をより多角的に捉えることに繋がる**かもしれません。

Holmes' Point

・バールだと断言できない場合もあるし、あえて断言しないという場合もある
・まだよくわかっていないことを報道で断言するのは危険

Challenge!

あなたがニュースを見ていると、高速道路で大きな事故が発生したという速報が入ってきました。運転手が「意識不明の重体」とのことです。「重体」ってどのくらいの状態なのでしょうか？

①1ヶ月以上の入院の見込み
②命の危険がある

答えは170ページ

3 「食料」と「食糧」って何が違うの？

「食料」は比較的すぐに食べるもの、「食糧」は倉庫などに備蓄してあるもの、でしょうか？

「日**本の食料自給率（カロリーベース）は38％と、先進国の中で最低水準である**」というニュースを耳にしたことがある方も多いのではないでしょうか。「食料自給率」とは、国民に供給される食べ物のカロリーの総量に対する国内生産の割合を示すもので、日本は「国民の食べ物の38％しか国内で生産しておらず、残りは輸入に頼っている」ということになります。

また、別のニュースで、「**世界では食糧不足に陥っている地域があり、多くの子どもたちが栄養失調で苦しんでいる**」という話もよく聞きます。食べ物がなくて困っている、ということですね。

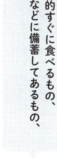

さて、「食料自給率」と「食糧不足」という2つのニュースを見比べたとき、気になることがあります。**「食料」と「食糧」って、いったい何が違うのでしょうか？　実はこの「食料」と「食糧」、耳で聞くと同じ「しょくりょう」ですが、使い方が少し異なります。**

「食料」は、食べ物全般を指す言葉です。米や麦、野菜、肉、魚、卵、乳製品、果物、さらには加工食品や調味料など、人間が口にするさまざまな食品や食材がすべて「食料」に含まれます。

こちらの「食料」は、ひとりの人間の生活という観点で用いられる言葉です。一般の消費者が日常生活の中で食べるものを表すときに使います。ですから、台風や豪雨といった災害によって供給網が途絶え、スーパーから食べ物がなくなった、というようなときには「被災地では**食料**が不足しています」などと報道されます。

一方で**「食糧」は、さまざまな食べ物の中でも特に米や小麦、とうもろこしなど、「主食」とされているような食材に着目している言葉**です。「日本の食糧」と言ったら「米」のことを指します。

この**「食糧」は、「食料」とは少し違い、政治や経済などの観点で主に用いられます。**人間が生きていくために必要な食べ物を指し、安定的な生産・流通・保存といった**国内外の政策、経済、公衆衛生など、社会の目線で食べ物を語る際に用いられることが多いです。**ですから、先の「食料」での例と同様の、災害によって食べ物が不足しているという場面でも、それが飢饉に対する緊急援助や国際協力といった文脈で語られるときは「**食糧**不足が深刻です」などと報道されるのです。

「食料」と「食糧」では観点が違うのだということがわかると、**報道された内容について「その地域に暮らしている人の話だな」「これは国の政策の話だな」と正しい見方で読み取ることができる**ようになります。

「食料」と「食糧」とでは、それが指すもの自体も、使い方自体も違い、そして議論する内容も変わってきます。逆にこの2つの使い分けができていないと、話が噛み合わなくなってしまうのです。

例えば災害が起こった後の報道を考えてみましょう。ここまで読んできたみなさんなら、次に挙げる2つのニュースの違いをおわかりいただけると思います。

「食料支援をお願いします！」 ↓これは、被災者の人たちが食べるものを求めているということで、米以外のものでも大丈夫なので、なんでも食べ物を支援してほしい、という意味。

「被災地での食糧不足が問題になっています」 ↓災害によって農地が被害を受け、その地域で主食として作られているものが不足してしまっている、という意味です。

これまで、国際的な文脈で語られる「ショクリョウ問題」と言えば、もっぱら発展途上国における諸問題のひとつとしての「食糧問題」でした。しかし、新型コロナウイルス感染症の流行や、ロシアのウクライナ侵攻によって、食料生産と流通が打撃を被り、世界的に家計における食費が上がっているという事態が問題視されるようになりました。**「食料」と「食糧」の違いが理解できると、ニュースを読んだときに「今、何が問題視されているのか」がわかる**ようになるわけです。

Holmes' Point

・「食料」は、ひとりの人間の生活という観点で用いられる言葉で、「食糧」は、「主食」とされているような食材に着目している言葉
・この2つの違いを知るだけで、国の状況がわかるかもしれない

Challenge!

次の文が意味するのは、①～③のうちどれでしょうか?

「政治的な問題によって道路が封鎖され、アフリカの某国で食糧危機が発生している。」

①その国で食べられている主要なものが供給できずに不足している
②その国の食べ物が、全般的に不足している
③その国で食べられているものが不作で収穫量が減り、不足している

答えは170ページ

4 「ロシアがウクライナを侵略した」という言葉に隠されたメッセージとは？

？

ん？　そのままの意味だと思いますよ。
隠された意味なんてありますか？

Watson

2022年から始まった、ウクライナとロシアの間の戦争。2024年現在、この戦争は終結していません。依然として終わりに向かう気配が一向になく、予断を許さない状況にあると言えます。

そんなウクライナとロシアの戦争に関するニュースで、こんな言葉が使われていました。

「国際連合は、ロシアがウクライナを侵略したことについて……」

たったこれだけの言葉ですが、**実は国連がこの戦争をどのように捉えている**

のかがここに表れているのです。

領土や首都の攻め合い・奪い合いに関する表現として、「侵略」と「侵攻」という2つの言葉があります。

英語で言うと、侵略が「aggression」で、侵攻が「invasion」ですね。漢字にすると「侵」が同じ言葉なので、「侵略」も「侵攻」も同じようなものでしょ？　と感じてしまう人がいますが、実は意味が少し違うのです。ご存知でしたか？

「侵攻」は、単に相手の領土に攻め込むことを指す言葉です。それに対して、「侵略」の方は、相手の政治的な独立や主権を「侵す」という意味になります。**侵攻は「ただ相手側に攻め込んだ」という行為そのものを指す中立的な言葉なのですが、侵略は侵略した側に非があると判断した場合に使う言葉**だということです。要するに、**「侵略」を選んで使ったということは、国連がロシアを非難しているということなのです**（これは国連による1974年の侵略の定義に関する決議を基にしています）。

ウクライナの問題について、最初は、国連は「ロシアがウクライナを侵攻した」というように、「侵攻」という言葉を使っていました。でもある時期から、「ロシアによるウクライナの侵略である」という言い方がされるようになりました。

これはおそらく、事実確認をして協議し、**「ロシアの侵攻には正当性がない」と判断したから、「侵略」という言葉を選ぶようになったと考えられます。**侵略という言葉は国際政治上重い意味合いを持っており、それでも「侵略」を使っているということは、今回のウクライナ戦争に対して、国連はロシアに対し非難する立場を取っていることがわかります。

言葉の選び方ひとつで、伝えたいニュアンスを大きく変えられる場合があります。逆に何気なく言葉を選んでも、他の人から「この言葉を選んだということは、こういうニュアンスなのかな」と解釈されてしまう場合もあるでしょう。

Holmes' Point

・同じような意味の言葉でも、どれを選ぶかで、ニュアンスが変わることがある
・「侵攻」は、「ただ相手側に攻め込んだ」という行為そのものを指す中立的な言葉
・「侵略」は攻め込んだ側に非があると判断した場合に使う言葉で、非難するニュアンスがある

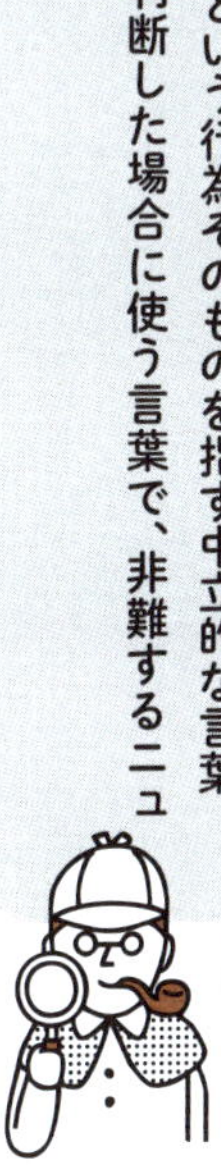

Challenge!

１５８２年、明智光秀が織田信長に対して起こした反乱を「本能寺の変」と言いますね。一方で、１８３７年に大塩平八郎が江戸幕府に対して起こした反乱を「大塩平八郎の乱」と言います。この「変」と「乱」にはどういう違いがあるのでしょうか？

答えは 170 ページ

5　「祝日」と「祭日」って何が違うの？

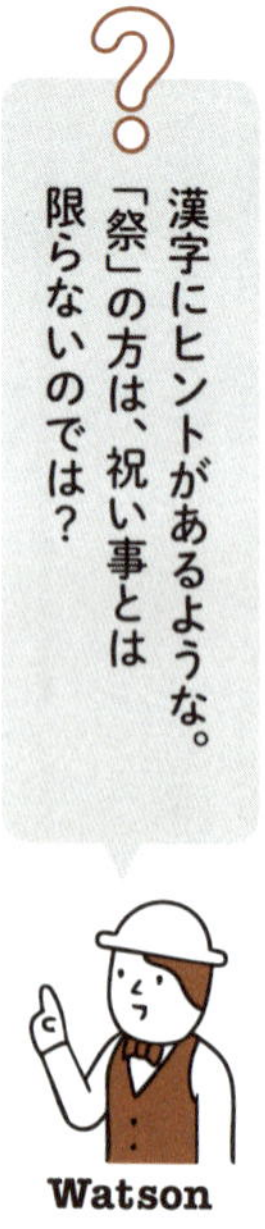
漢字にヒントがあるような。
「祭」の方は、祝い事とは
限らないのでは？
Watson

2014年、8月11日が「山の日」として制定され、新しい「祝日」ができたことで話題となりました。カレンダー上でお休みとされている日を「祝日」と呼んでいますが、「祭日」あるいは「祝祭日」という言い方も、耳にしたことがあるのではないでしょうか？　「祝日」「祭日」に違いはあるのでしょうか？

「祝日」とは、正しくは「国民の祝日」であり、国の法律で定められた休日のことです。「国民の祝日に関する法律」の第一条には、「自由と平和を求めてやまない日本国民は、美しい風習を育てつつ、よりよき社会、より豊かな生活を築きあげるために、ここに国民こぞって祝い、感謝し、又は記念する日を定め、これを『国民の祝日』と名づける。」と定められています。この法律によって定められた「国民の祝日」では、**国民が一斉に休むことになるので、政府機関をはじめ学校や企業なども休みとなります。どのカレンダーにも書いてあるような、名前のついたお休みの日ですね。**

「国民の祝日」には、元日（1月1日）、建国記念の日（2月11日）、こどもの日（5月5日）など日付が決まっているものと、成人の日（1月の第2月曜日）、敬老の日（9月の第3月曜日）のように日付が年によって変わるものがあります。また、春分の日、秋分の日がいつになるのかは、国立天文台が太陽の位置などから計算して決められています。

さらに、前日と翌日を「国民の祝日」で挟まれた平日は、休日になります。これを「国民の休日」といいます。まるでオセロみたいですね。

一方で**「祭日」とは、皇室の祭事が行われる日のこと**です。「神《じん》武《む》天《てん》皇《のう》祭《さい》」や

「新嘗祭《にいなめさい》」など、**宗教的な儀式が行われる日**でした。もともとは法令で祭日が定められていましたが、太平洋戦争の後、GHQ（連合国最高司令官総司令部）の指示で1947年に廃止されました。代わりに「国民の祝日」を定めた「国民の祝日に関する法律」が作られたのです。

とはいえ、祭日のすべてが消えてなくなってしまったわけではありません。例えば「四方節」は「元日」へ、「新嘗祭」は「勤労感謝の日」へと**名前を変え、今の祝日にも受け継がれています。**「祭日」には確かに宗教的行事という側面があったかもしれませんが、当時の日本人にとっては慣れ親しんだ暮らしのサイクルであったはずです。こうした点を可能な限りで維持しつつ、それでも新しい時代へと向かっていく、そういう気概と工夫が感じられますね。

一般的なカレンダー上のお休みの日を指す場合は「祝日」が正しい表現であり、「祭日」や「祝祭日」という表現は今ではあまり使われなくなってしまいました。もしこのような言い方を耳にしたときは、その「祝日」の背景に元となった「祭日」があるのかどうか調べてみると、さらなる学びがあるかもしれません。

Holmes' Point

・現代の暮らしの文脈では、「祭日」「祝祭日」ではなく基本的には「祝日」を使うのが正しい
・祝日の由来を調べてみよう

Challenge!

もっとも新しく作られた国民の祝日は「山の日」ですが、実はそれ以降にも、今まで祝日ではなかった日が新たに祝日になるということが起きました。いったい、どういうことでしょうか？

答えは 170 ページ

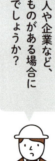

6 「Webサイト」と「ホームページ」って何が違うの？

「ホームページ」は個人や企業など、何かアピールしたいものがある場合に使われるのではないでしょうか？

Watson

スマホが普及した現代では、私たちは多くの情報をインターネットから入手しています。テレビ番組や掲示ポスターなど情報を伝達する媒体はさまざまありますが、載せきれなかった情報を伝えるために「**詳しくはこちらのホームページをご覧ください。」という文言とともにQRコードが記載してある**のをよく見かけるようになりました。

さて、この「詳しくはこちらのホームページをご覧ください。」ですが、ものによっては「**詳しくはこちらのWebサイトをご覧ください。**」という表現になっていることがあります。

普段の暮らしの中で、「Ｗｅｂサイト」と「ホームページ」を明確に区別しないで使っている人も多いのではないかと思います。質問を受けて、「Ｗｅｂサイトを見てごらん！」と答えることも、「ああ、それならホームページに書いてあったよ！」と答えることもあるのではないでしょうか。しかし実は、**「Ｗｅｂサイト」と「ホームページ」には、定義に明確な違いがあります。**

「Ｗｅｂサイト」とは、インターネット上のＷｅｂページの集まりのことです。私たちがブラウザを開いてインターネット上で見るページのひとつひとつが「Ｗｅｂページ」であり、これらは相互にリンクされて繋がっています。

例えばとある会社のＷｅｂサイトで「実績紹介」のページを見ているとして、「会社情報」のボタンを押せばその会社の代表や所在地が書いてある画面に移動しますし、「お問い合わせ」のボタンを押せば問い合わせフォームの画面に移動しますよね。この時、**「実績紹介」「会社情報」「お問い合わせ」はそれぞれ独立**

したWebページですが、ひとつの「Webサイト」としてまとまっていると言えます。

これとよく似た使われ方をする言葉に「ホームページ」があります。「ホームページ」は本来、ブラウザを立ち上げた際に最初に表示されるページを指す言葉でした。みなさんのスマホやパソコンで、Google ChromeやEdge、Safariなどのアイコンをタップもしくはクリックし、**最初に出てくるページが本来の意味での「ホームページ」**なのです。そこから転じて、あるWebサイトを開いたときに最初に表示されるページ(トップページ)のことを「ホームページ」と呼ぶようになりました。その後、さらに「ホームページ」の意味は広がり、**今ではWebサイト全体を指すような使われ方をするようになりました。**

『大辞林』で「ホームページ」を調べると、本来の「インターネットのWWWサーバーに接続して**最初に見える、表紙に相当する画面**。」という説明に続き、「また、WWWサーバーが提供する画面の**総称としても用いられる**。」と、Webサイトのような意味についても述べています。

つまり、**本来の意味を考えると、「詳しくはこちらのホームページをご覧ください。」は誤った言葉遣い**であるということになります。とはいえ、Ｗｅｂサイトによく似た「ホームページ」の用法はすでに広く使われており、「Ｗｅｂサイト」より伝わりやすいこともあるので、**一般のニュース番組やポスターなどで「詳しくはこちらのホームページをご覧ください。」と書くことが絶対にダメだと言い切ることもできません。**正しい意味を理解した上で、世間では広い用法で使われているということも知っておくことが大切です。

Holmes' Point

・「ホームページ」という言葉の意味は移り変わってきた
・インターネットに関する用語は変化し続けるが、正しい意味を理解しておくことが重要

Challenge!

あなたはアクセサリー作りが趣味で、自分のブランドを立ち上げてインターネットで販売することにしました。ブランドのサイト作りを依頼するときの正しい表現はどちらでしょうか?

①「Webサイトを作ってください!」
②「ホームページを作ってください!」

答えは170ページ

7

「2大会ぶり」って、前回は何年前？

例えば、夏季オリンピックなら
4年おきですよね。「前回」の後
2大会挟むとすれば、12年前では？

2024年夏のパリオリンピックでは多くの日本人選手が活躍し、私たちに感動と勇気を与えてくれました。特に体操の男子団体は最終種目の鉄棒で劇的な大逆転を果たし、2大会ぶりの金メダルを獲得しました。

さて、この「2大会ぶり」の金メダル。夏季オリンピックは原則として4年に一度開催されますが、**前回の金メダルは何年前でしょうか？**

これを考えるために、まず「〜ぶり」という言い方について検討してみましょう。「3年ぶりの優勝」というような言い方をした場合、基本的にはその「3年」

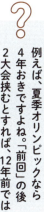

を現在の日時から差し引いたものが前回の日時となります。**今が2024年なら、「3年ぶりの優勝」と言われたとき、前回の優勝は2024－3＝2021年**だという意味になります。

別の場面では、ある人と会ってから1週間後に再会したときは「1週間ぶりだね！」ですし、半年間タンスにしまっていた冬物の服を出したときは「半年ぶりに着るなあ」という言い方になります。

そう考えると、**夏季オリンピックの「2大会ぶり」ということは、つまり「8年ぶり」ということですから、前回の金メダルは「8年前」**ということになります。実際、体操の男子団体は2021年（3年前）の東京オリンピックで銀メダル、2016年（8年前）のリオオリンピックで金メダルを獲得しているので、ここでは8年前という意味で用いられていることがわかります。

しかし、この「2大会ぶり」という言い方は、一筋縄ではいきません。

確かに、「期間」について引き算をすれば、2024－8＝2016年のリオオリンピックが前回の金メダルと解釈することができます。けれども、「**回数**」

について引き算をすれば、パリオリンピックの前の東京オリンピック、リオオリンピックの2回を引いて、つまり「間を2回あけて」、2012年(12年前)のロンドンオリンピックが前回の金メダルである、と捉えることもできます。

ＮＨＫ放送文化研究所が行ったウェブアンケートの結果によると、「2大会ぶりに金メダルを獲得しました」と言った場合の前回の金メダルについて、全体の約74%が「8年前の大会」と答えたのに対し、**約15%が「12年前の大会」、約9%が「4年前の大会」と答えています。**特に10代・20代に限って言えば、「8年前の大会」と答えた人は全体のわずか約54%に留まり、約29%が「12年前の大会」、約15%が「4年前の大会」と答えています。

この調査結果からは、**「2大会ぶり」のような言い方は誤解を生みかねない表現**であることがわかります。正しい意味をきちんと理解した上で、例えば「2016年のリオオリンピック以来、2大会ぶり」というように、丁寧な言い方を心がけるといいでしょう。

Holmes' Point

・普段なんとなく会話の中で使っているが、いざ改めて正確な意味を考えるとよく理解していない表現がある
・「〜ぶり」は、現在の時点から「〜（期間）」を引き算する、と覚えよう

Challenge!

あなたは、大学を卒業し、23歳になる年の春にとある企業に入社しました。入社式で隣の席に座った同じ新入社員に挨拶をすると、なんと小学校の頃に仲が良かったクラスメイトでした。最後に会ったのは小学校の卒業式です。さて、この場合、何年ぶりでしょう？

答えは171ページ

8 「ユートピア」と「神話」は悪い意味？

響き的には
どちらも神秘的。
良い意味だと思います！

「ユートピア」は、「桃源郷」「理想郷」と訳される言葉で、日本語の文章でも邦楽の歌詞でもよく出てくる表現ですね。

でも実はこの言葉の裏側には、**意味がもうひとつ隠されています。それは、「存在しない」という意味**です。「こんな素晴らしい世界があったらいいのに」というニュアンスで「ユートピア」という言葉は使われ、一方で「**あったらいいと思うけれど、結局それは存在しないもの**」といった意味でも使われるのです。

Aさん「こんな世界があったらいいと思うんです！」

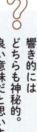

Bさん「そんな世界はユートピアだね」

という場合、Bさんの言葉には、Aさんの思い描く世界を理想の世界だと肯定するニュアンスと、「でもそんな世界は存在しないんだよ」と否定するニュアンスの2つが同時に存在することになります。

このように、**言葉には「裏側にもうひとつの意味」が含まれているものも多いのです。それを読み取れないと、実は相手の話や文章に対してまったく逆の解釈をしてしまう**こともあるのです。

否定のニュアンスが裏側にある言葉として、**「神話」**というものもあります。言葉の意味はわかりますよね。神様が出てくるような話のことで、「ギリシア神話」と言ったらギリシアの神々が出てきて戦ったりするような話のことを指します。何の変哲もない言葉ですが、これにも実は裏側に意味があります。

「みんなが無条件で信じているだけで、本来は根拠がないもの」という意味です。神話というのは、例えば、「安全神話」と言ったら、「安全な神様の話」という意味ではまったくなく、「安全だと根拠なく信じられている」という意味になります。神様が存在するか否かは、私はここで論じません。ですが、神話で語られる出来事を実際に目視したことがある人はいませんよね。

天照大神《あまてらすおおみかみ》を見たことがないのに、「昔、天照大神という神様がいて……」と信じている。それが神話です。そこから転じて、「誰も見たことがないのに、信じられているもの」という意味で使われることがあるのです。**当然ながら、この意味で使われる場合は、神話にはあまり良いニュアンスはありません。**

「日本人は、努力すれば誰でも報われるという神話を信じている」

と言ったら、これには批判のニュアンスがあります。努力すれば誰でも報われるわけではないのに、そう信じている人が多い、という意味で使われているわけです。これを理解していないと、相手の話を大きく勘違いしてしまいます。

Holmes' Point

・「ユートピア」には、「理想郷」のほかに、「存在しない場所で夢物語だ」という批判のニュアンス、「神話」には、「神様の話」のほかに、「誰もが根拠なく信じているもの」という批判のニュアンスがある
・裏側にある意味を知ることで、相手が本当に言いたいことがわかることがある

Challenge!

「安全神話は崩れ去った」とは、次のうちどの意味でしょう？

①「安全である」と信じられていたけれど、それが誤りであるということがわかった
②「安全神話」という名前のものが崩れ去った
③「絶対に安全である」と信じられていたが、もともと根拠が乏しく、あることをきっかけに安全でないことがわかってしまった

答えは 171 ページ

9 文学作品において、桜＝死？　花が散る＝別れ？

「桜」や「花」に関わる言葉にはおめでたい、明るいイメージがありますよ！

Watson

みなさんは桜に対してどんなイメージを持っていますか？　おそらくは春の代名詞とか、綺麗な花の代表例とか、そんなイメージを持つ人が多いと思います。4月になれば必ずお花見に行くという人も多いのではないでしょうか。

しかし実は、この**桜に対して、文学の世界では「死」のイメージが付与されている**ことをご存知でしょうか？

梶《かじ》井《い》基《もと》次《じ》郎《ろう》の短編小説『桜の樹の下には』は、桜の下に死体が埋まっていて、その死体の血を吸って桜は綺麗に咲いている、という話でした。また坂口安吾《さかぐちあんご》の短編小説『桜の森の満開の下』でも、人の死と残虐性がテーマになっていました。文学作品の中だと、なぜか桜は「死」を象徴するようなものとして描かれているのです。

なぜこんなイメージがついているのか諸説あります。一説には、「桜」と呼ばれる所以は木花開耶姫《このはなのさくやびめ》から取られたといわれています。木花開耶姫は、**『古事記』では業火の中で子どもを産んだ女神とされています。彼女が短命だったことから「桜」=「寿命が短い」と考えられていたそうです。**

これが正しいかはわかりませんが、確かに桜には、とても綺麗なのにすぐに散ってしまうというイメージがありますよね。その**儚さが桜の美しさを際立てているわけですが、それがまさに私たちの「命」のメタファーになっているのではないかと考えることもできます。**

桜も含めて、花が散るということに対して、過去の文学者たちは「死」や「別れ」といったイメージを付与しています。

『山椒魚』で有名な文学者の井伏鱒二《いぶせますじ》は、「花に嵐のたとえもあるぞ　「さよなら」だけが人生だ」と語っています。この、「花に嵐のたとえ」は、于武陵《うぶりょう》の「勧酒」という漢詩を引用しているとされており、それは次のようなものです。

花発多風雨　人生足別離
（花発《ひら》けば風雨多し　人生別離足る）

要するに、「花が咲いて、綺麗なままで残っていてほしいのに、雨風が多くてすぐに散ってしまう。それと同じように、綺麗で終わりのないことが望ましいにもかかわらず、人生も別れが多いものだ」という意味ですね。

そこから転じて、「花に嵐」という言葉は、「別れ」の象徴として使われます。シンガーソングライター・ミュージシャンの米津玄師さんも「花に嵐」という楽曲を発表していますが、これも別れを想起させるところがある歌です。Ｅｖｅというミュージシャンも「花嵐」という楽曲を発表し、こちらも今いる場所から飛び立つことを歌った曲です。

桜も花も、美しいものです。その美しさに対して、人間は「こんなに美しいものであれば、ずっと散らないでほしい」と考える人がほとんどです。それほどに綺麗で、素晴らしいものであり、でもだからこそ、散るのが惜しまれて、美しければ美しいほど「別れ」を想起してしまうというわけですね。

「桜」や「花に嵐」といった**言葉に含まれるイメージについて把握しておくと、文章を読んだり音楽を聴いたりしているときにそのメッセージを深く理解できるようになります。**ぜひ、知っておいてください。

Holmes' Point

・文学作品では「桜」や「花」の意味合いが、一般的なものとは異なる場合がある
・桜は美しくも儚いものなので、文学作品では「別れ」が想起される場合がある
・「花に嵐」も同様で、「別れ」の象徴として使われる

Challenge!

お世話になった人が3月に引っ越すことになってしまいました。その人に絵葉書を使って「お元気で！」というメッセージを送ることにします。さて、どんな絵葉書がいいでしょう？

①雲がプリントされた絵葉書
②タンポポがプリントされた絵葉書
③桜がプリントされた絵葉書

答えは171ページ

10 「東洋の魔女」は良い意味？ 悪い意味？

なんだか強そうな響きですね。
私は、良い意味だと思いますよ。

みなさんは、「東洋の魔女」という言葉をご存知でしょうか？ これは、1964年の東京五輪で、全日本女子バレーボールチームが金メダルを獲得した際に、海外メディアにつけられた呼称です。小柄で、体格的には欧米人に圧倒的に劣っているにもかかわらず、世界の強豪チームを下して勝利した姿を指した言葉でした。

ここまで聞くと、この「東洋の魔女」という言葉は、100％褒め言葉として使われていると考える人も多いでしょう。実際、この時のチームは非常に努力

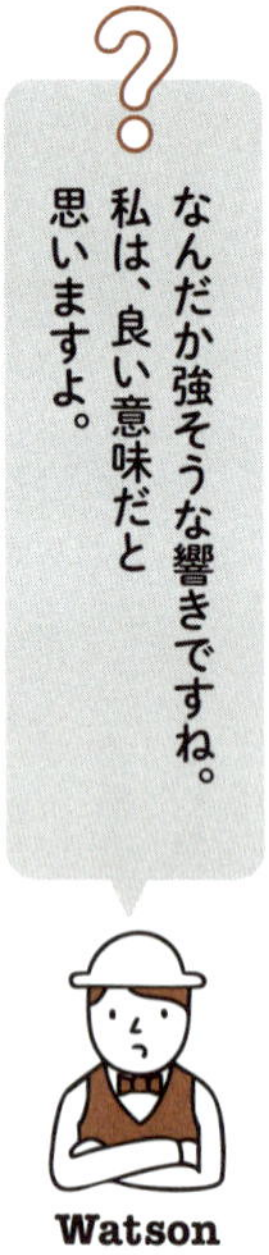

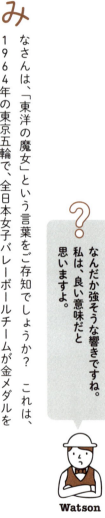

して独自の技術を確立し、勝利をもぎ取っていましたし、日本でも「東洋の魔女」は大人気でした。

ですが、**英語のニュアンスと日本語のニュアンスとでは、大きな違いがあったの**です。

英語で言うと、東洋の魔女は「oriental witches」となり、当時外国のニュースではこの言葉が使われていました。それを輸入して「東洋の魔女」と日本のニュースにもなったわけですが、ここには大きな隔《へだ》たりがあります。

実は、**「witch」は、良い意味として使われることはあまりない**のです。「悪魔と契約して悪さをする存在」とか、「訳のわからないことをする存在」というような意味で使われることが多く、この「oriental witches」にも、**100％の賞賛というよりも、「おかしなやつら」みたいな意味が含まれていた**のです。

日本では「魔女」は悪いイメージばかりの言葉ではないですが、**欧米だと**

「witch」は悪い存在として扱われることが多いです。15〜17世紀のヨーロッパでは「魔女狩り」と呼ばれる宗教裁判が横行し、異端者や害をなすとみなされたものをそれによって処刑するということが行われました。これを「魔女狩り」と呼んでいるのは、ヨーロッパでは「witch hunt」と呼ばれているからです。

実際には男性でも、この出来事で処刑されていますが、それでもここで処刑された人物は「witch」とされています。ここからもわかるとおり、「witch」は悪い存在として扱われやすいのです。

逆に男性の魔法使いは「wizard」と呼ばれますが、こちらは悪い意味ではなく、良い意味で使われます。

英語と日本語で、ニュアンスに大きな違いが生まれる言葉は他にも存在します。みなさんは、**「プライドが高い人」と言ったら、どんなイメージを抱きますか？　「なんかいけすかない人なんだろう」という意味で受け取りますよね。**これは、「pride」という言葉が、英語だとあまり良い意味としては扱われず、「うぬぼれ」とか「思い上がり」なんて意味で使われることが多いため、このイメージになっていると考えられます。

もちろん「誇り」というプラスの意味で使われることもあるのですが、**悪いイメージで使われることが多いのでカタカナ語の「プライド」は「うぬぼれ」という意味で使われがち**なのです。

それに対して、日本語の「矜持《きょうじ》」という言葉は、自分の能力に対して抱く誇りのことを指すわけですが、これも英語に直すと「pride」になります。こちらは、**悪い意味で使われることはほとんどなく、むしろ「彼には矜持がある」と言えば「信念を突き通すような強い思いがある」といった意味として扱われます。**「プライド」と「矜持」は、同じような意味でありながら、別のものとして扱われる場合が多いわけですね。

他にも、日本語で「クレーム」と言えば、商品やサービスに対していちゃもんをつけるという意味ですが、**英語では単に「主張する」「意見を述べる」のような、日本語に比べればやや中立的な意味**で用いられます。

また、自分の短所に対して劣等感を抱くことを「コンプレックス」と言いますが、**英語では単に「複雑な」を意味する単語**です。心理学用語では正確に「複合」という訳が当てられていますが、多くの人に知られていくうちに、現在の意味で用いられる言葉となりました。

英語と日本語とで、意味は同じでも、ニュアンスが異なる言葉はいくつか存在します。この違いを理解すると、外国のニュースも日本のニュースもよりよく理解することができるでしょう。

Holmes' Point

・同じ意味の言葉でも、英語と日本語とで、ニュアンスが違っているものがある
・話し相手に、自分の認識とは違って、良いイメージ、または悪いイメージで伝わってしまっていないか注意しよう

Challenge!

「witch」と「wizard」の他に、女性を意味する方がマイナスなニュアンスになってしまう言葉に、どんなものがあると思いますか？

答えは 171 ページ

11 ニュースはかなり、オブラートに包まれている！

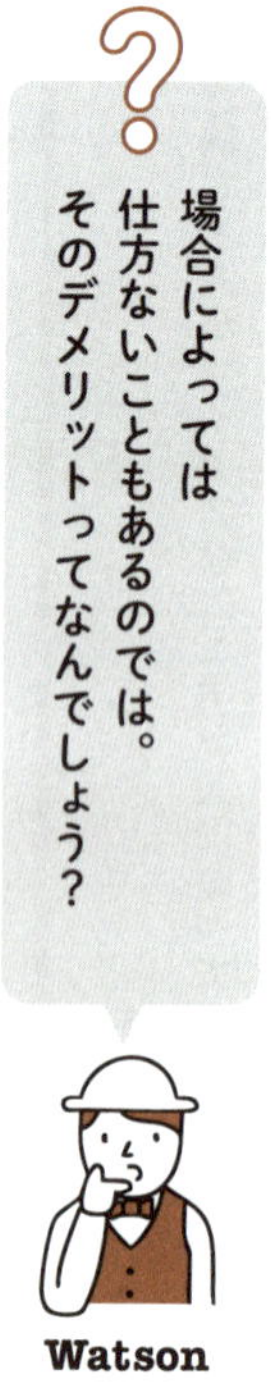
場合によっては
仕方ないこともあるのでは。
そのデメリットってなんでしょう？
Watson

ニュースでは生々しいワードを使うことが避けられます。残虐な犯罪のニュースをそのままの言葉で伝えると気分が悪くなる人もいるかもしれませんし、教育的な観点から少しマイナスに捉えられる場合もあるでしょう。

ですので、**ニュースでは、少しオブラートに包んだ言葉で報道されることがあります**。例えば、「全身を強く打った状態で発見」という言葉は、実は身体の原形を留めていない状態で発見されたことを指します。言葉だけ聞くと「強く打った」というのはどこかにぶつかったくらいのニュアンスで捉えてしまいがちですが、実際は大きな事故に巻き込まれたことを指すわけです。

しかし**このオブラートが逆に、ポップな印象を生んでしまうのではないかという批判もあります。**例えば、みなさんは「闇バイト」という言葉をご存知でしょうか？　これは、ＳＮＳやアプリケーションを使い、オンライン上で著しく高額な報酬の支払いを匂わせることで犯罪行為の実行者を募集するというものです。昨今日本で増えていて、住居侵入事件や強盗致死事件にも繋がってしまっています。

でもこの**「闇バイト」は、言ってしまえば「犯罪求人」**なんですよね。「バイト」とついているからなんだかポップなイメージがありますし、昔は出会い系サイトのサクラのバイトなど、犯罪になるかどうかが微妙なラインのグレーゾーンなバイトも存在していたため、**「闇バイト」＝「犯罪」というイメージが薄れてしまっているのではないか**と言われています。

これは他のワードにも言えることで、例えば「いじめ」という言葉は、なんとなく子どもの間で行われるような軽いいじりの延長線上というイメージを持つ人もいるかもしれませんが、場合によっては**暴行事件・誹謗中傷事件という、れっきとした犯罪行為になることがあります。セクハラや痴漢も「性犯罪」、闇金も「違法金融業者」ですし、パパ活も「売買春行為」に該当することがあります。**

私自身はニュースで「闇バイト」とか「パパ活」とかそんな言葉を使うことに対して違和感を持っていませんが、**ニュースでは多くの人に伝えるために言葉が選ばれているということは認識しておくべき**だと思います。

例えば「闇バイト」であれば、もし強盗をして、そこに居合わせた人を殺したとしたら、強盗致死罪になってしまいかねません。そして、強盗致死罪の法定刑には、死刑又は無期懲役刑しかありません。つまり、普通のバイト感覚で行為に及んだつもりでも、その結果、一生を棒に振ることにもなりかねないのです。

使われている言葉のポップさに惑わされないようにしましょう。

Holmes' Point

・オブラートに包んだ表現をすることによって、ポップな印象になることがある

・表現はポップでも、実際には深刻な内容を指す場合もあるので注意しよう

Challenge!

「会社でパワハラを受けた男性が上司を訴えました。男性は上司から数度、指導という名目で殴られたとのことです」というニュースが流れました。さて、この場合のパワハラは何罪でしょうか？

①パワハラ罪　②傷害罪　③窃盗罪

答えは171ページ

東大視点

第2章

数字・データの理解度を上げる

数字やデータというのは、とても難しいものです。**数字自体は変わらなくても、その数字の解釈は、比較対象やグラフの見方によって変わってきます。**

例えば、「身長１８０cm」と聞いたら、みなさんは「高い」と感じますか？　「低い」と感じますか？　おそらく多くの日本人からしたら「高い」と感じると思いますが、アメリカのフットボールチームに行ったら１８０cmでも身長が「低い」方かもしれません。

同じように、「身長１５０cm」と聞いたら、パッと聞くと「低い」イメージですが、日本の10歳の男の子なのであれば150cmでも身長が「高い」方かもしれませんよね。

また、「過去との比較」をすると、180cmにも別の解釈が生まれます。例えば、180cmの人が3年前には160cmだった、と言われたら、どうでしょう？ 「160cmの人が、3年で180cmになった」という変化を聞くと、「180cmってことは、すごく身長が高くなったんだな」と感じられますよね。変化する前の数字があると、その数字に違った意味合いが出てくるわけです。

英語では、楽観的なことを「glass half full」、悲観的なことを「glass half empty」と言います。これは、とある心理学の実験がもとになっているものです。グラスの中に、水を半分入れて、これを被験者に見せて、「グラスの中の水を、あなたは『半分も』入っていると思いますか？　それとも『半分しか』入っていないと思いますか？」という質問をしたのです。

そして、「半分も」と答えた人は普段から楽観的な考えをする人で、「半分しか」と答えた人は悲観的な考えをする人だったのだそうです。

半分の水は、ある人にとっては「いっぱいに入っている（full）」のと同じに見えて、ある人にとっては「入っていない（empty）」のと同じに見えるわけですね。

これと同じように、数字自体は変わらなくても、その数字の比較対象をどこに置くのか、どんなグラフでその数字を見るのか、ということによって、解釈は変わっていくわけです。

データの見方や比較検証のやり方は、非常に重要です。数字は嘘を吐きませんが、**嘘吐きは数字を使ってこちらを騙そうとしてきます。**情報を、ふわっとしたイメージのまま受け取らないようにするために、**しっかりと数字やグラフを見る意識を持っておかなければならない**のです。

この章では、そんなふうに数字やグラフの見方についてみなさんに考えてもらいたいと思っています。

12

1500Wで1分、500Wで3分の冷凍食品。1000Wでは何分?

第2章　数字・データの理解度を上げる

真ん中の数字を考えればカンタンですよ。
1000wのときは2分!

Watson

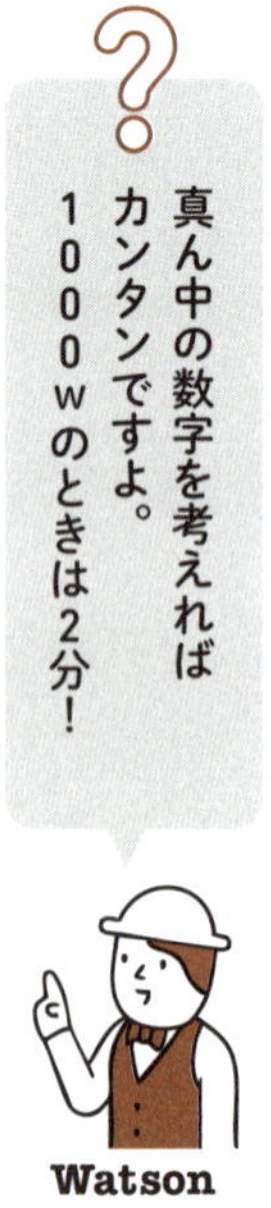

「真ん中」を求めるときには、隠された数字を考える必要があります。

おそらく多くの人は、この問いの答えを、「2分」だと考えるでしょう。1500Wと500Wの中間が1000Wですから、1分と3分の中間である「2分」が答えなのではないか、と。でも実は、この解答は間違いです。

数字を扱う場面で、「真ん中はなんだろう?」と考えることは多いです。でも「真ん中」って、直感的に考えてしまうとうまくいかない場合が多いんです。

例えば、みなさんは、「1／3と1／5の中間の数」はいくつかわかりますか?

3と5という数字を見て、「3と5の中間なんだから4だろう。1／4ではないか」と考える人が多いと思いますが、実はこれも違います。1／3と1／5の分母を揃えると、1／3→5／15で1／5→3／15になりますよね。

ですからこの問いは、「5／15と3／15の中間の数はいくつ？」という問題と等しいのです。そうなると正解は、4／15となります。1／4ではないわけです。

「真ん中」を考えるときに必要なのは、「目に見えない数字を意識できるか」です。先ほどの問題であれば、「5／15・3／15」という数字を探す思考をしなければならないわけです。

そもそも電子レンジとは、一定の熱量を加えることで、中に入れた料理を温めるためのものです。そして、温めるために使う電力がW（ワット）であり、その電力を一定の時間使えば、一定の熱量（J＝ジュール）がその料理に加わることになります。

計算式で言えば、「熱量（J）＝電力（W）×時間」になるのです。

そして、必要になってくる熱量は変わらず、電力が少なければ長い時間電子レンジを使わなければなりませんし、電力が多ければ電子レンジを使う時間も短くてよくなるということです。

90000Jで完全に温まるとしたら、
500Wの場合、90000J＝500W×180秒（3分）となります。
1500Wの場合、90000J＝1500W×60秒（1分）となります。
そして今回、1000Wになりました。この場合は、
1000W×○秒＝90000J
であり、○の中に入るのは90になりますので、**1分半が必要な時間**ですね。

ちなみに熱量については、中学校の理科の授業で習うわけですが、こうやっていざ問題として出されると、解けないものですね。**見えない数字を探す思考をしっかりと身につけておいてください。**

もう一例、見てみましょう。

車の速度と移動時間の関係です。行きは60㎞／hの速さで目的地へ。帰りは120㎞／hの速さで家へ戻ってきたとします。このとき、平均してどれくらいの速さだった？　と問われたら、どのように考えるべきでしょうか？

実はこの問題も、単純に「60と120の平均で90㎞／h」とはならず、きちんと計算すれば80㎞／hで走っていたとわかります。

「真ん中」だから「半分」と考えるのではなく、このようにしっかりと計算して真ん中を考えるようにしましょう。そうしないと、簡単な計算のはずなのに間違えてしまうことも発生します。気をつけましょう！

Holmes' Point

・「真ん中」と「半分」はイコールではない
・数を求める問題では、本文中で例に挙げた1／3、1／5を通分したときの15、電子レンジの9000Jのように、書かれていない数字が鍵を握ることがあるため、それを探す思考をしよう

Challenge!

60km／hで走る車だと1h、40km／hで走る車だと1・5hかかる距離を、50km／hで走るとどれくらいかかるでしょうか？

答えは172ページ

13 「生存者バイアス」に要注意！

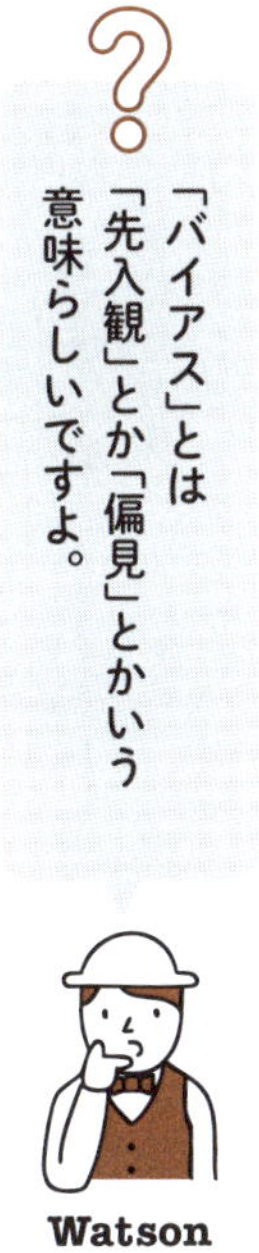

?
「バイアス」とは「先入観」とか「偏見」とかいう意味らしいですよ。
Watson

第二次世界大戦中、連合国軍は「どうすれば戦闘機が撃墜されず帰還しやすくなるか」を考えるため、とある統計学者に分析を依頼しました。撃墜されず基地に帰還した戦闘機には、相手の攻撃を受けて機体のあちこちに穴があいていました。そこで、帰還した戦闘機の弾痕を記録してひとつの戦闘機の図に集約してみると、**被弾箇所は翼や機体の中央部分に集中しており、一方で操縦席や尾翼のあたりにはほとんど被弾していない**ことがわかりました。

これを見た連合国軍は、「**被弾が集中している、翼や機体の中央部分を補強し**

よう！」と考えました。たくさん銃弾が当たっているのだから、そこの装甲を厚くすればダメージが抑えられると考えたのです。

しかし、この統計学者の意見は違いました。**「ほとんど被弾していない、操縦席や尾翼のあたりを補強しましょう」**。彼の考えはこうです。確かに、無事に帰還した戦闘機だけで考えると、操縦席や尾翼のあたりにはあまり被弾していないと言えるでしょう。ただ、撃墜されてしまった戦闘機はどうでしょうか？　操縦席や尾翼のあたりに被弾していない戦闘機が帰還できたのだということは、逆に言えば、**操縦席や尾翼のあたりに被弾した戦闘機が撃墜されてしまったのではないでしょうか。ということはつまり、装甲を補強すべきなのは、弱点の可能性が高い操縦席と尾翼のあたり**ということになります。

この連合国軍の例のように、**失敗して消えていったケースがあることを見落としてしまい、成功して生き残ったケースだけを分析することで、結果として全体像を見誤るような認知バイアスを「生存者バイアス」といいます。**

この**「生存者バイアス」は、ビジネスの場面にも現れます。**例えば、とある製品を販売する際、アンケート用紙を同封したとしましょう。回収されたアンケートを集計すると、満足度は90％以上、購入者はみな製品に大満足しているようです。しかし、実際には思ったようには売り上げが伸びず、製品の知名度も上がりませんでした。いったいなぜでしょうか？

販売元が得た「満足度90％以上」という結果は、そもそも「製品に同封されていたアンケート用紙に記入し、返送した購入者」を母数とした結果にすぎないからです。買った商品がイマイチ気に入らなかった人は、わざわざ手間をかけてそんなアンケートに答えないことも多いのではないでしょうか。逆に、商品が気に入って満足した人は、気分がよくなり、アンケートに答えてあげようと考えやすいものです。つまり、**アンケートに答えてくれた人だけを分析の対象としている時点で、サンプルに偏りが生じてしまっている**のです。

情報技術の発達した現代において、「生存者バイアス」は特に注意すべき認知バイアスです。ビッグデータの活用が進み、あらゆる場面で統計分析が手法として採用されていますが、**果たしてそのサンプルが公平な選ばれ方をしているのかについては慎重になる必要があります。**

もうひとつ、別の例をご紹介します。昔から「酒は百薬の長」などという言い回しが存在するように、適量の飲酒はむしろ健康に良いと信じられてきました。これを裏付けるように、1日あたりのアルコール摂取量と総死亡率との関係性をグラフ（次ページ参照）に表すと、お酒をまったく飲まない人よりも少量だけ飲む人の方が総死亡率は低い結果になったという研究成果が報告されています。

しかし、**このグラフを見て「お酒は少量なら飲んだ方が健康に良いんだ！」と思い込むのは危険**です。なぜなら、「お酒をまったく飲まない人」の中には、健康上の理由で飲酒を控えざるを得ない人も含まれているからです。すでに飲酒もできないほどの健康上の問題をかかえる人は、少量でもお酒が飲める状態の人に比べ、死亡率が高くなるのも頷けます。

これも「生存者バイアス」同様、**分析したサンプルがそもそも公平でないために、事実と異なる結論が導かれてしまった**例であると言えます。

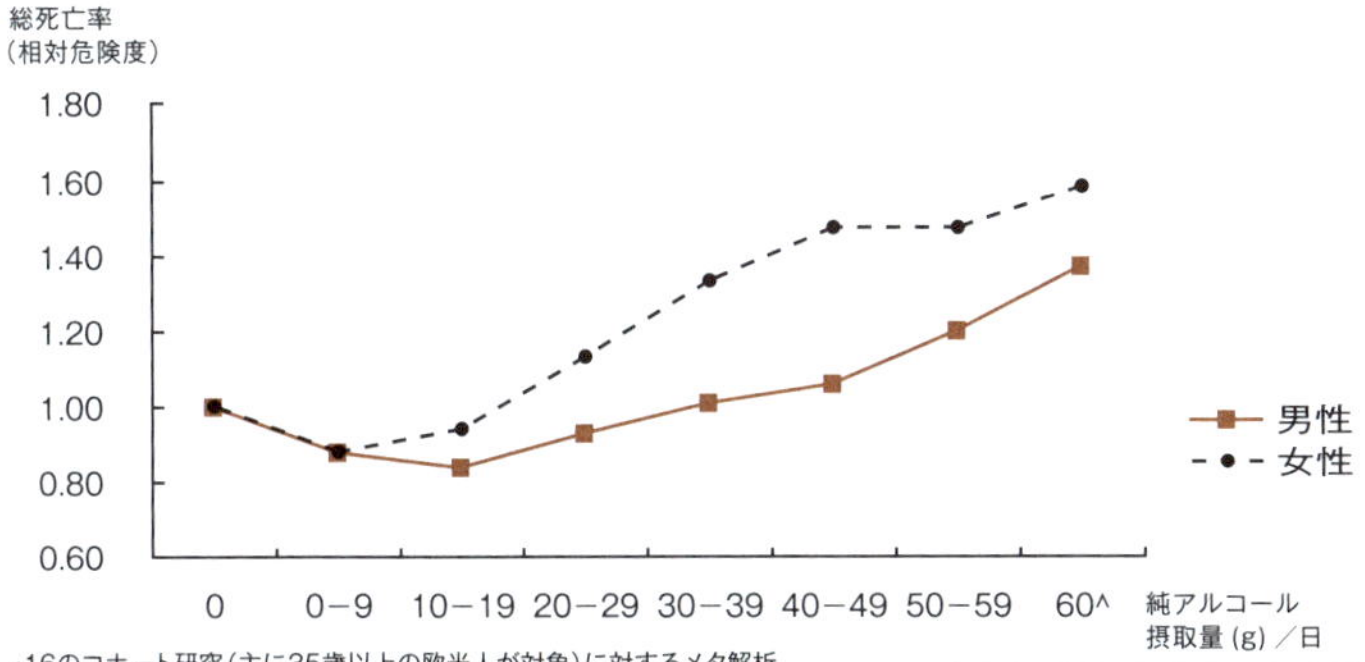

・16のコホート研究（主に35歳以上の欧米人が対象）に対するメタ解析
・少量の飲酒では健康へ好影響をもたらす可能性を示唆する「Jカーブ効果」も示されている

〈純アルコールへの換算〉
ビールなら 500ml、日本酒なら 1 合が、
純アルコール 20g とほぼ相当する

飲酒量と総死亡率

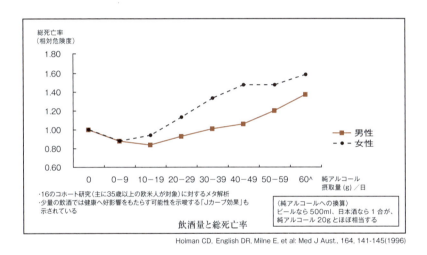

Holman CD, English DR, Milne E, et al: Med J Aust., 164, 141-145(1996)

Holmes' Point

・そもそもサンプルに偏りがあると、分析結果の意味が薄くなってしまう
・分析を始める前に、目の前のサンプルが本当に適切に選ばれているのかを確かめよう

Challenge!

あなたは就職活動中の大学生です。とある外資系企業の会社紹介を読んでみると、若手でもすごいスピードで昇進していて、社員の平均給与もすごく高いことがわかりました。この企業に就職すれば、間違いなく若手でも活躍できて高収入が得られるのでしょうか？

答えは 172 ページ

14 「グラフ」を用いた印象操作に注意！

グラフって、パッと見の印象で感じ取ってしまいますよね。

「数字は嘘をつかないが、嘘つきは数字を使う」という格言は、アメリカの作家の言葉だと言われています。確かに、データとしての数字は、改ざんなどされない限り、間違いはありません。しかし、**「そのデータを用いて何かを主張しよう」と考えたとき、数字の使い方には人間の意図が入り込む余地がたくさんあります。**代表的な例が「グラフ」です。**その値を「どういうグラフで表現するか」に製作者の意図や悪意が含まれることがあります。**

例として、81ページの上にあるグラフをご覧ください。こちらは2020年

9月17日、福島テレビの番組「テレポートプラス」内で使用されたグラフです。

このグラフで示したかったのは、**「調査内で『新型コロナに感染した人がいたら本人のせいだと思うか』という問いに対し『そう思う』と答えた人の割合が、日本はイギリス・アメリカの3〜4倍である」**ということでしょう。確かに、調査結果の数字を見れば、イギリスの3・48%、アメリカの4・75%に比べると日本の15・25%は3〜4倍であると言えます。

しかし、**ここで注意しなければならないのは、それでも約15%しかいないということです。残りの約85%は「そう思わない」と回答しており、どちらかというと「そう思う」は少数派の意見である**ことがわかります。

ところが、このグラフをもう一度見てみると、**イギリスとアメリカでは少数派だった「そう思う」が、日本では多数派になっているような印象を受けます。**その理由は、グラフの目盛の一番左の数字が「80%」となっており、その左側にあるはずの0〜80%の「そう思わない」の部分が省略されているからです。試しに、軸の一番左を「0%」にすると、81ページの下にあるグラフになります。

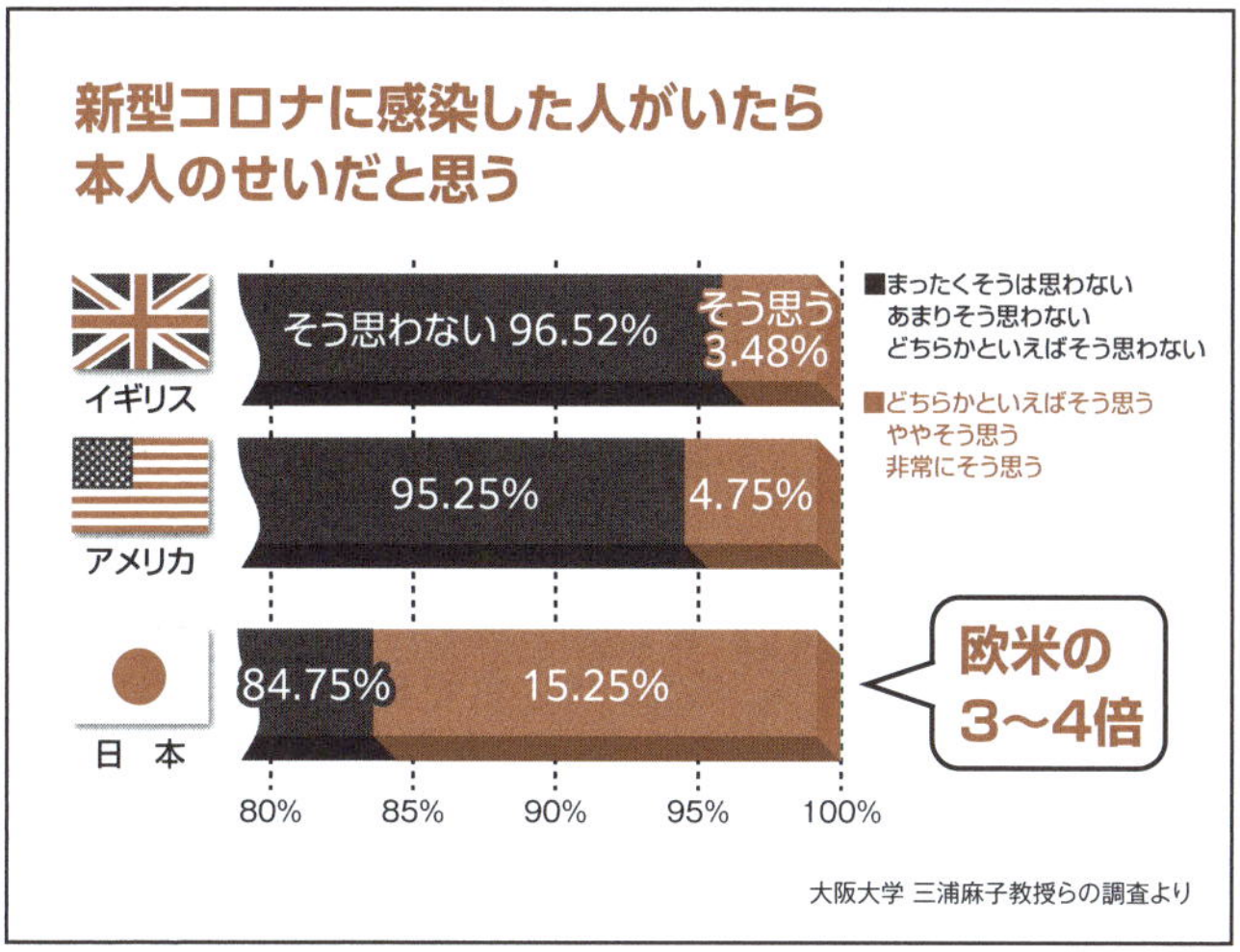
新型コロナに感染した人がいたら
本人のせいだと思う
イギリス
そう思わない 96.52%
そう思う
3.48%
アメリカ
95.25%
4.75%
日本
84.75%
15.25%
欧米の
3〜4倍
80%
85%
90%
95%
100%
■まったくそうは思わない
あまりそう思わない
どちらかといえばそう思わない
■どちらかといえばそう思う
ややそう思う
非常にそう思う
大阪大学 三浦麻子教授らの調査より

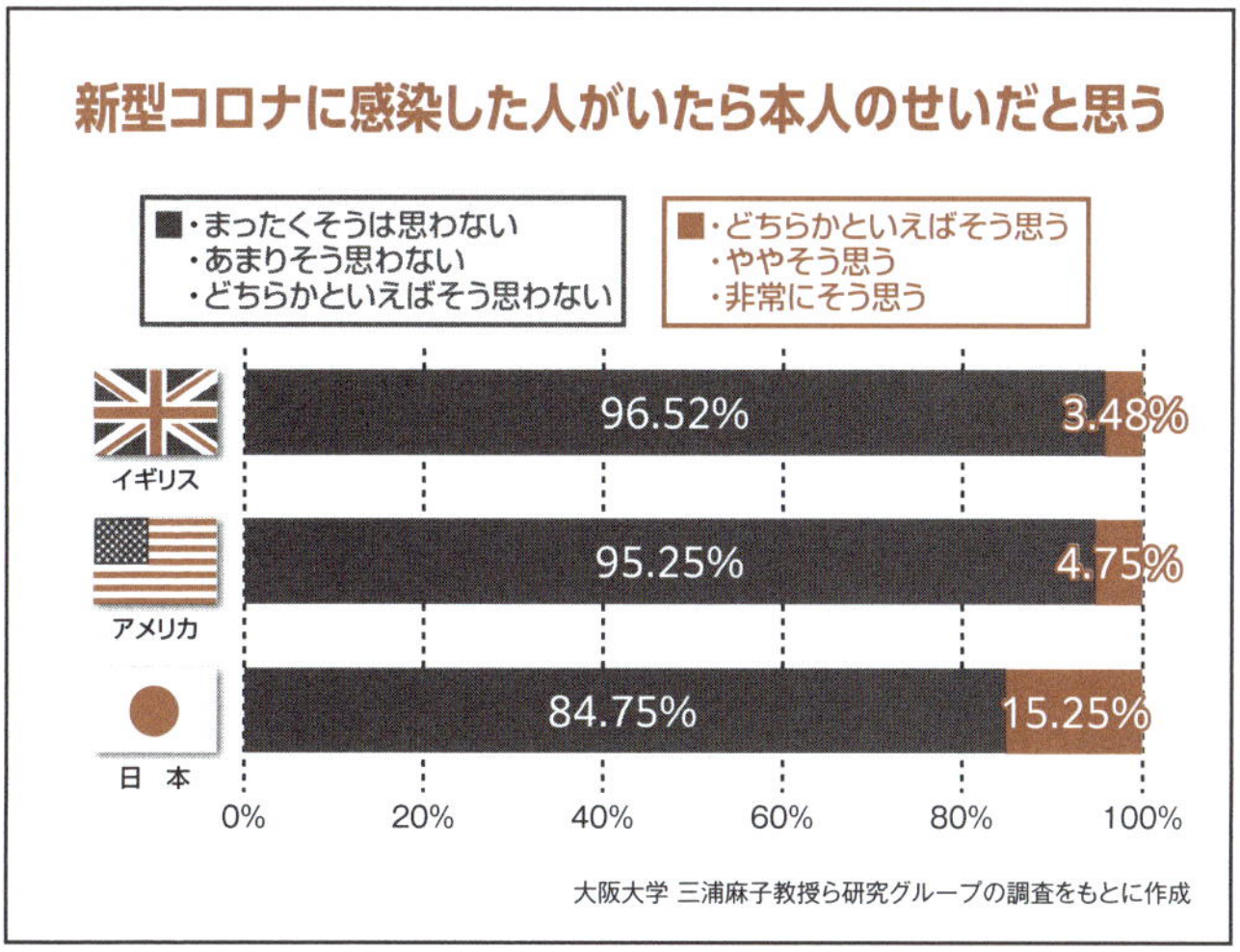
新型コロナに感染した人がいたら本人のせいだと思う
■・まったくそうは思わない
・あまりそう思わない
・どちらかといえばそう思わない
■・どちらかといえばそう思う
・ややそう思う
・非常にそう思う
イギリス
96.52%
3.48%
アメリカ
95.25%
4.75%
日本
84.75%
15.25%
0%
20%
40%
60%
80%
100%
大阪大学 三浦麻子教授ら研究グループの調査をもとに作成

こちらは、2020年9月21日に同番組内で改めて放送されたグラフです。こうすると、確かにイギリスとアメリカに比べると日本では「そう思う」の割合が高いことがわかりますが、**依然として少数派であることが正しく表現されています。**

この例からもわかるように、**棒グラフというのはグラフ全体の大きさが非常に重要な形式なので、必ず「0％」から始めることが求められます。**

もうひとつの例をご覧ください。83ページの上にあるグラフは、「NewsPicks」というネットメディアにて2015年2月9日の記事に掲載された、コミック誌と電子コミックの市場推移のグラフです。

このグラフで示したかったのは、**「コミック誌の売り上げは年々減少していて、新興の電子コミックは売り上げを伸ばしている」**ということです。確かに、グラフの形だけを見るとそのように読み取ることができます。

しかし、このグラフ、左右に2つの軸があることにお気づきでしょうか。**左の**

コミック誌・電子コミックの市場推移

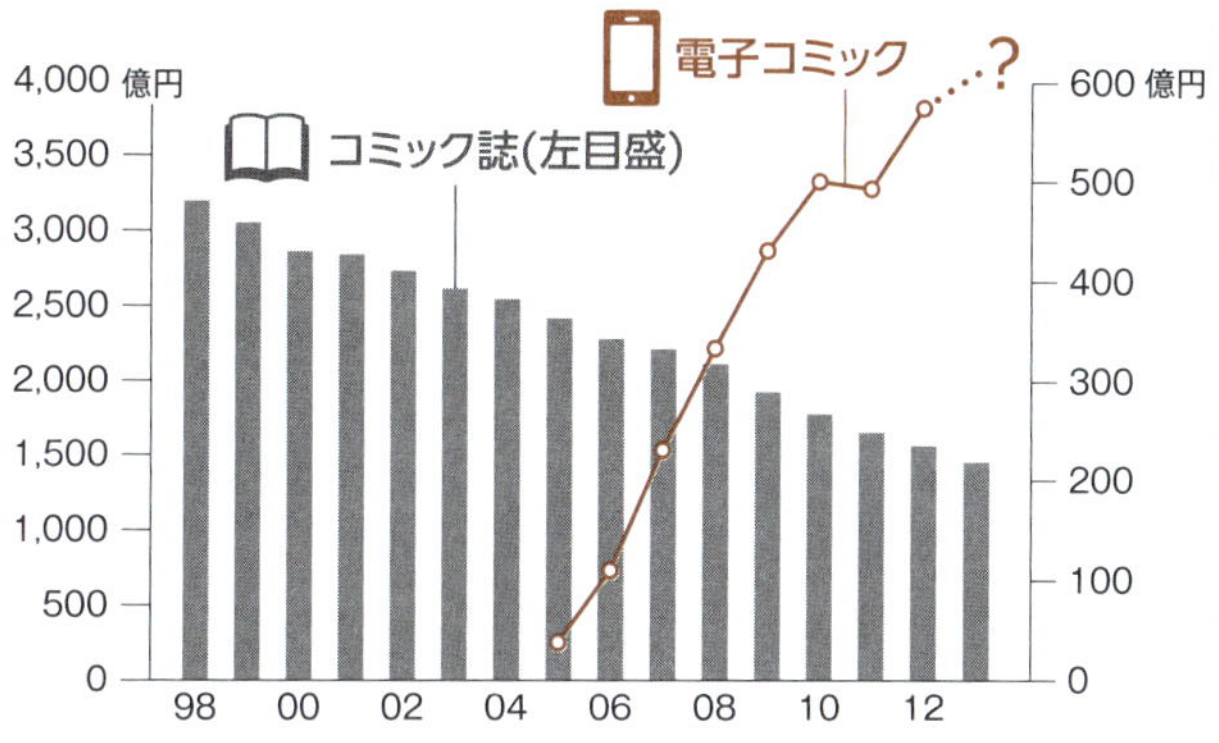

(出所)公益社団法人全国出版協会・出版科学研究所「出版月報」コミック誌推定販売金額(2013.2)

コミック誌・電子コミックの市場推移

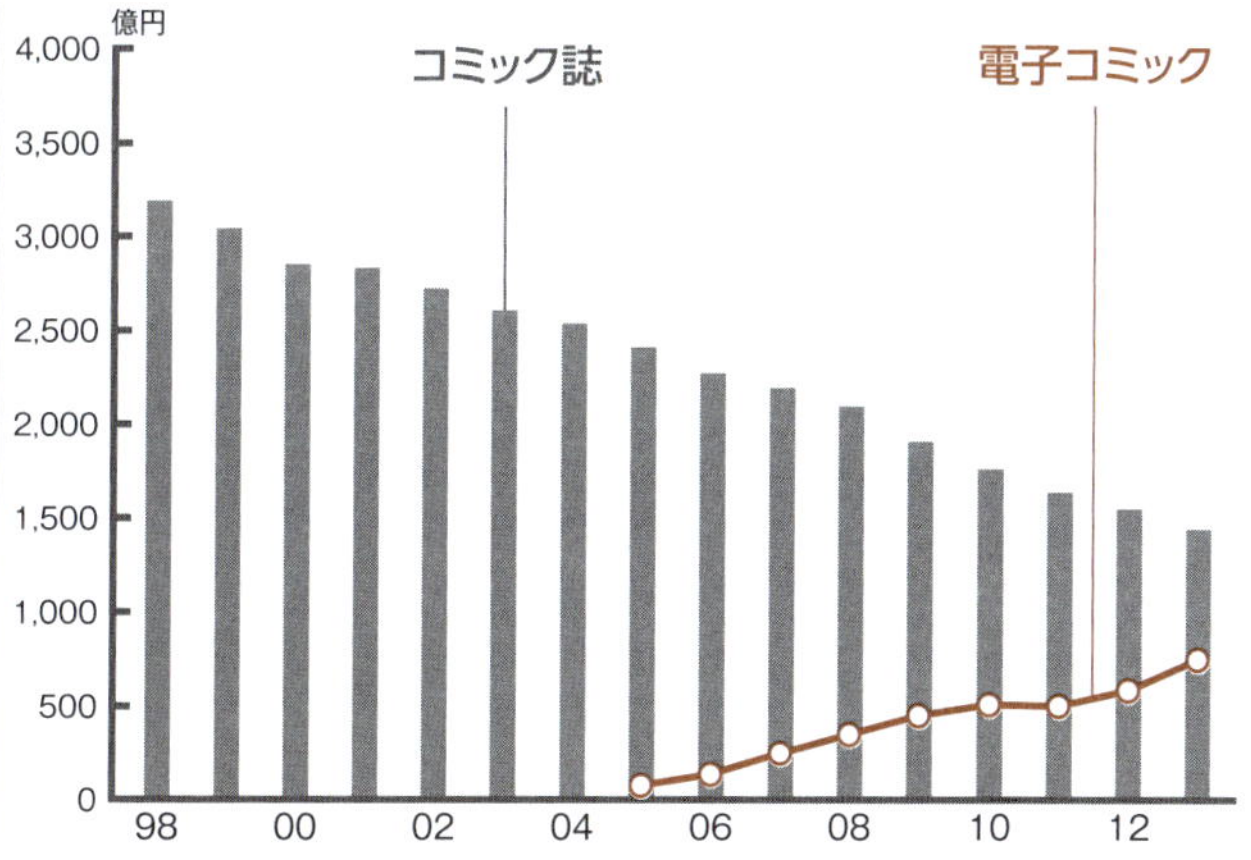

(出所)公益社団法人全国出版協会・出版科学研究所『出版指標年報2014年版』、一般財団法人デジタルコンテンツ協会『デジタルコンテンツ白書2014』。

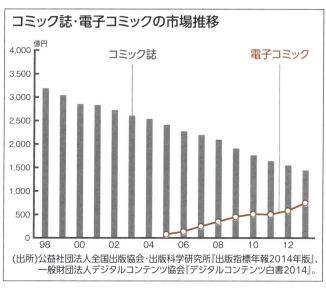

軸は1目盛あたり500億円、右の軸は1目盛あたり100億円と、グラフのスケール(縮尺)が違うのです。

左の軸はコミック誌、右の軸は電子コミックに対応しているので、2012年の両者の値を比較すると、コミック誌は約1500億円、電子コミックは約550億〜600億円となります。

値としてはコミック誌の方が3倍近く大きいのに、グラフからはまるで電子コミックがコミック誌を追い抜いたかのような印象を受けます。

そこで、両者のスケールを統一すると、83ページの下にあるグラフになります(著者作製)。

確かに「コミック誌の売り上げは年々減少していて、新興の電子コミックは売り上げを伸ばしている」のですが、最初のグラフのようにコミック誌を追い抜いているような印象はなくなりました。

このように、グラフというのは作り手の意図が入り込む余地があり、見かけの印象が操作されている可能性があるので要注意です。**こうしたグラフに騙されないためにも、グラフはあくまで表現手段であることを前提に値に注目しようと意識することや、適切なグラフとそうでないグラフを見分けるリテラシーを磨くことが大切です。**

Holmes' Point

・数字自体は変えられなくても、数字の使い方は変えることができ、悪用されやすい
・日頃から正しいグラフの条件を意識して、リテラシーを磨こう

Challenge!

これは、商品A～Fの売り上げの割合を円グラフで表したものです。商品Fは何番目に多く見えますか？

商品の売り上げ割合

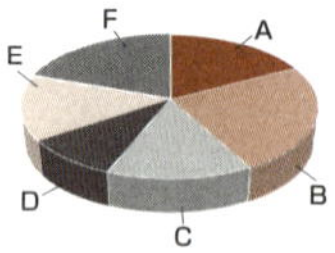

答えは172ページ

15 「因果関係」と「相関関係」は違う！

えっ！　同じ意味だと
思っていたんですが
違うんですか？
Watson

原因があって、それによって結果が生じるという関係を「因果関係」といいます。例えばあるお店の、日ごとの来店者数を調べてみると、雨が降っている日は来店者数がかなり少なくなっていることがわかったとします。このとき、「雨が降る」ことと「そのお店の来店者数が少なくなる」ことに因果関係があると言えます。

一方で、**「Aが増えるにつれ、Bが増えている」というように、2つの値の間に関連性があるような関係を「相関関係」といいます。**「Aが増えるにつれ、Bが増えている」という関係を正の相関関係、反対に「Aが増えるにつれ、Bが減っている」という関係を負の相関関係といい、いずれにせよ「**どちらかの値が増減するとき、連動してもう一方も増減している」という関係を表すのが相関関係**です。

現象として関連しているだけで相関関係が認められるので、必ずしもそこに「Aが増えた〝から〟、Bが増えている」などという「因果関係」があるとは限りません。しかし人は、**「Aが増えるにつれ、Bが増えている」というデータを見て、「Aが増えた〝から〟、Bが増えている」のだという勘違いをしてしまうことがある**のです。

因果関係と相関関係の誤認を注意する格言に、「アイスが売れると水難事故が増える」というものがあります。確かに、アイスの売り上げと水難事故の件数の推移をそれぞれグラフにして並べると、アイスの売り上げが多い時期は水難事故が増えていることがわかります。これはつまり、「アイスの売り上げ」と「水難事故の件数」に相関関係があることを意味します。では、ここに「アイスが売れる〝から〟水難事故が増える」という因果関係があるのでしょうか？

普通に考えたらそんなことはないとわかりますよね。「アイスの売り上げ」と「水難事故の件数」の増加には、どちらにも共通して「夏は気温が高い」という原因があります。そこから「**暑いから涼しさを求める人が増える**↓アイスの販売数が増える」「**暑いから涼しさを求める人が増える**↓水遊びをする人が増える↓水難事故が増える」という結果が生じており、ここには因果関係がありますが、結果同士の「アイスの売り上げ」と「水難事故の件数」の間には因果関係はありません。

しかし、**私たちは「Aが増えるにつれ、Bが増えている」という情報だけを見て、そこに因果関係があるはずだ！　**と思い込んでしまう傾向に**ある**のです。

本来、**因果関係の推定というのはとても難しく、慎重に判断されなければなりません。**これが理科の実験であれば、あるひとつの条件だけを変えてそれ以外はすべて同じ条件で対照実験を行うなどの方法で、「本当にその要素が原因として結果に作用しているのか」を判断することができるかもしれません。

しかし、**社会現象など対照実験を行うのが難しい現象に対しては、その要素と結果の間に因果関係が成立しているかどうかを調べるのは非常に困難です。**まったく関係がなかったり、アイスと水難事故の例のように同じ原因から生じた結果同士であったりと、見かけ上の相関関係があってもそこに因果関係がないことも多いです。

「アイスの売り上げが多い日は水難事故が多いから、水難事故を減らすためにアイスの販売を禁止しろ」と言われても困ってしまいますよね。ですから、**相関関係がある事柄同士について、安易に因果関係の存在を推定するのは危険**なのです。

Holmes' Point

・本来、因果関係を推定することは難しい作業
・単なる相関関係かもしれないので、安易に因果関係だと決めつけるのは危険

Challenge!

あなたはオンラインショップを運営していますが、1回の買い物で少しの商品しか買われていないことに課題を感じています。利用者のデータを見ていたあなたは、「通販サイトを利用した回数が多い人ほど、1回の買い物で多くの商品を買う」ということに気が付きました。ということは、利用回数を増やすような施策をすれば、お客さんが1回の買い物で多くの商品を買ってくれるようになるのでしょうか？

答えは172ページ

16 その病気の人は本当に増えたのか?

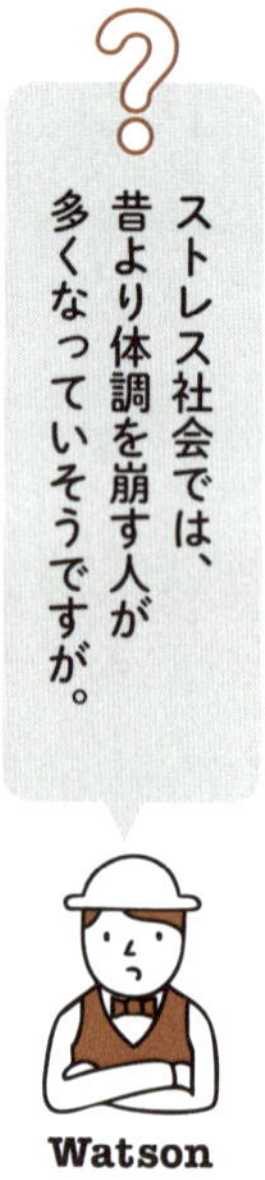
ストレス社会では、昔より体調を崩す人が多くなっていそうですが。
Watson

みなさんは、「起立性調節障害」という病気を知っていますか? これは、特に思春期の子どもや若者に多く見られるもので、立ち上がった際の血圧や心拍数の調節がうまくいかず、めまいや倦怠感を引き起こし、朝起きられなくなったりするような障害のことです。ここ数年でかなり人数が増えていることがわかっており、医療機関の報告によっては、子どもたち全体の10%程度にも上るのではないかという話もあります。

「なんでそんな障害が増えたんだ?」と首を傾げる人も多いかもしれませんが、

実はこれ、**データのトリックがあるかもしれない**のです。例えば昔から、朝起きることが難しい人は多かったでしょう。それでも無理やり学校に行って、無理をして生活していた人もいたかもしれません。それが、近年この障害が認知され、「ひょっとして自分もそうなのかも」と思って病院を受診する人が多くなり、その結果として医療機関でこの障害だと診断された人が増えているかもしれないのです。つまり、**障害の人が多くなったというよりは、認知度が上がってそう診断される人が増えただけなのかもしれない**のです。

100人中5人だったのが100人中10人になったと言っても、100人中50人しか診断していなかったのが100人中100人診断するようになったのかもしれないというわけです。

アレルギーに関しても同じことが言えます。さまざまな症状があるアレルギーですが、**現在では子どものうちの1/3にあるとされており、やはりこれも昔に比べてアレルギーと診断される人が増えているわけではあるものの、診断の方法の精度がかなり上がり、昔であれば見過ごされていた軽度のアレル**

ギーも診断できるようになったからではないかとも言われています。また、保護者や教育者の間でアレルギーに対する認知が高まったことで、より多くのケースが報告されるようになったのではないかという考え方もあります。

データの上でその障害や病気のある人が増えたと言っても、実はそれは本当にその障害や病気のある人が増えたのではなく、測定の方法が変わっただけの可能性もあるのです。

とはいえ、**それだけの理由だと言い切れない部分もある**のが難しいところです。実際に、起立性調節障害やアレルギーの件数は増えているのではないか、データ上の変化だけでは説明ができないくらい増えているのではないかと考える人もいます。どちらとも言えないというのが難しいところで、**きちんとデータを調べても実態を把握することができない面がある**というわけです。

データに対して正しい理解をしつつ、全部が全部データ上の話だと切り捨てて考えるのも間違っているので、そこにも気をつける必要があります。

Holmes' Point

・データの上で数字が大きくなっているからといって、「事実としてそういう人が多くなった」と考えるのは間違いの可能性がある
・さまざまな可能性を考慮しないとそのデータが正しいとは言えないということを認識するべき

Challenge!

あなたの経営するお店の売り上げが落ちてきました。お客さんからの評判はあまり落ちていないし、近くに競合するお店ができたわけでもなさそうです。さて、どんな可能性が考えられるでしょうか？

答えは172ページ

17 「平均値」と「中央値」の違いとは？

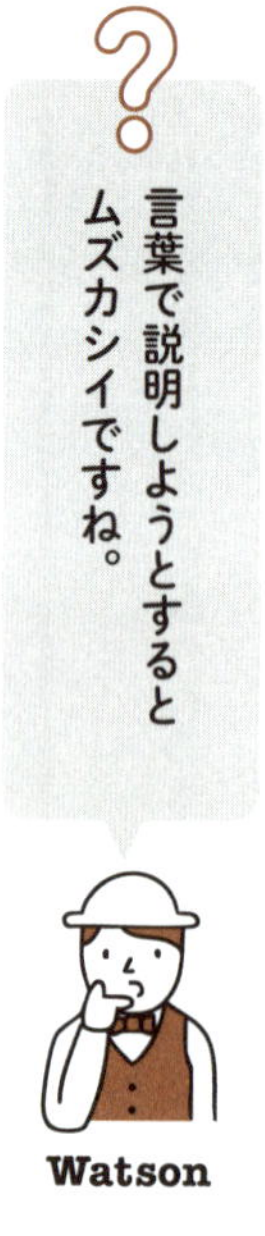
言葉で説明しようとすると
ムズカシイですね。
Watson

先ほど、「真ん中と半分」という話をしましたが、その話の続きとして聞いてください。みなさんは、「平均値」と「中央値」という言葉を知っていますか？　似たような言葉ですが、意外とその違いを知らない人もいるかもしれませんね。

平均値は、データの合計を、データの個数で割った値のことです。一方で**中央値は、データを大きさの順に並べ替えたときちょうど真ん中になる値**のことを指します。要するに**どちらも「真ん中」を出すものなわけですが、実はこれらに**

は、**すごく大きな違いがある**のです。

例えば、岩手県にある花巻東高校の卒業生の平均年収は4000万円を超えるという話を知っていますか？　2023年、大谷翔平選手はロサンゼルス・ドジャースと10年で約1000億円という歴史的な契約を結びました。年収で換算すると約100億円というとんでもない金額ですね。

さて、大谷翔平選手は花巻東高校という学校の出身者であり、彼と同学年の卒業生の人数は250人だと言われています。100億円を250人で割ると、4000万円になります。

つまり、同期の花巻東高校卒業生の平均年収を考えると、なんと必ず4000万円を超えることがわかります。もちろんこれは、大谷翔平選手ひとりが桁違いに稼いだから発生している現象であり、普通はあり得ません。でも、平均年収だけを聞くと、全員が年収4000万円超えのエリート集団を想像してしまいますよね。平均値は、このように極端な値があると全然「真ん中の数」ではなくなってしまうという弱点があります。

それに対して中央値は、順番に並べたときの真ん中の数を指します。

例えば、5人が受けたテストの結果を考えてみましょう。

【Aくん10点　Bくん20点　Cくん30点　Dくん40点　Eくん50点】

このテストであれば、**5人の中で真ん中の点数を取っているのは30点のCくん**ですよね。中央値が3番目なので30点となります。ちなみに、この場合には平均値も30点になります。全員の点数を足すと150点で、5人でそれを割ると150点÷5人＝30点だからです。5人だとこうなりますが、4人だとまた違った結果になります。

【Aくん10点　Bくん20点　Cくん30点　Dくん40点】

このテストでは、**4人なので真ん中がいません**。でも、BくんとCくんの間が真ん中になりますよね。ですのでこの場合は、BくんとCくんの2人の平均を取って中央値となります。**Bくんは20点でCくんは30点なので、この間ということは、25点となります。**

これだと先ほどの花巻東高校のように**ひとりがすごく大きな数字だったとし**

ても、それに左右されることなく真ん中を出すことができます。ただ、これも真ん中とは言い難いものになってしまう場合もあります。

【Aくん10点　Bくん20点　Cくん30点　Dくん400点　Eくん500点】

この場合、中央値は30点となってしまうわけです。CくんとDくんの間には370点という大きな差がありますが、それでもこの場合は30点が中央値になります。

平均値と中央値、どちらも真ん中を求めるためのものであり、どちらにも良い面と悪い面があります。真ん中を意識するときは、2種類のデータの取り方があることを念頭に置きつつ、どちらにせよ間違って解釈しないように気をつけてください。

Holmes' Point

・平均値と中央値は、どちらも「真ん中」を表す数字であるが、異なる場合がある
・使い分けて考えるようにすることで、実態に即した「真ん中」を捉えることができるようになる

Challenge!

次のテストの平均値と中央値はそれぞれ何点？

Aくん45点　／　Bくん25点
Cくん200点　／　Dくん100点
Eくん30点

答えは 173 ページ

18 「微分」の発想で見えてくる世界

「微分」？　学生のころ習ったような気がしますがなんでしたっけ？

Watson

日本の学生は、高校の数学の授業で「微分」というものを勉強します。すごく難しいと認識されていて、大人になってからこんなものは使わないだろう、というイメージを持たれていますが、**微分の考え方自体は、実は割と、誰もが活用できる**ものなのです。

例えばみなさんがお店を経営しているとしましょう。ひとつの商品がどれくらい売れるのか考えて、仕入れをしなければなりません。在庫は、たくさん持つと倉庫を圧迫してしまいますし、かといってあまり在庫を持たないと売り切れになるかもしれません。**「その商品がどれくらい売れそうなのか」を考えなければならない**わけです。

この時に重要なのが、「微分」の考え方なのです。微分とは、「細かく（「微」に）分けて考える」ということで、ざっくり説明してしまうなら**一定の瞬間の変化を求めることで変化率を導く方法**です。

例えば、1ヶ月で人気商品がどれくらい売れるのかを考えると仮定します。1ヶ月間ずっと確認すれば「1ヶ月で何個くらい売れるのか」を考えることができますが、そんなことをしなくても、「1日で何個売れるのか」を調べれば、1ヶ月でどれくらい売れそうかは導くことができます。仮に1日で10個売れるのであれば、30日で300個売れるのではないかと考えられますよね。

私たちの生活では、この微分の考え方が至る所で使われています。例えば車に乗ると時速が表示されますが、あれは車のタイヤの車軸に回転数を測るセンサーがついており、その回転数を速度に変換する計算をコンピューターが行っているのです。

非常に簡潔な計算で説明すると、１回転で１ｍ進む車のタイヤが０・１秒間で2回転した場合、その０・１秒間での速度は、１秒間で20回転できるスピードであるため、

20ｍ／ｓ（秒速20ｍ）＝１２００ｍ／ｍｉｎ（分速１２００ｍ）＝７２０００ｍ／ｈ（時速７２０００ｍ）＝72㎞／ｈ（時速72㎞）

と求めることができます。

この動作を０・１秒よりも細かなスパンで瞬時に行うことで、それをリアルタイムで速度計に表示させ続けているわけです。

みなさんが日常でよく目にするであろう「天気予報」にも、この微分の考えが使われています。簡単に説明すると、**「天気が決まるためのさまざまなパラメーターの中から一部を抽出し、その変化を分析することで今後の動きを予測する」**ということを行っています。

例えば、ある地点から500km離れたところに雨雲があり、その雨雲が1時間に100kmのスピードで移動しているとします。その場合、5時間後に雨が降るのではないか、と予測を立てることができます。しかし、1時間に100kmのスピードで移動していた雨雲が、1時間後にはそのスピードを時速80kmに落としていたら、「この先も雨雲の移動スピードは遅くなり続け、停滞するのではないか」という予測を立てることが可能です。

もちろん**実際の雨雲の動きはより複雑であるため、観測する時間の幅をもっともっと小さくして、その瞬間瞬間の大気の動きを捉えていくのです。そして、その動きの変化から、未来の動きを予測する。それがまさに、「微分」**なのです。

この考え方さえ知っておけば、いろんな予想が立てやすくなりますよ！

Holmes' Point

・微分の発想＝「期間を切り取ることで、変化率を求める」
・微分の発想で考えられるように、いろんなところで使われている微分を理解しよう

Challenge!

ある会社の、1月の売り上げが400万円、2月の売り上げが200万円、3月の売り上げが300万円でした。さて、1年の売り上げは合計いくらくらいになりそうと考えられますか？

答えは 173 ページ

19 ビッグマック指数とは何か?

「ビッグマック」って
あのビッグマックの
ことですか?

Watson

みなさんは、「ビッグマック指数（Big Mac Index）」を知っていますか？

これは、マクドナルドのビッグマックが各国でどれくらいの価格で売られているか、どれくらい価格が上がっているのかを知るための数字です。**ビッグマックは全世界で販売されている標準的な商品であり、比較的一貫した品質と生産方法を持つため、通貨の購買力平価の指標として使われている**のです。

この指数で見ると、日本のビッグマックは2000年代には300円ほどで、2024年現在は400～500円まで上がっています。この上昇率でも先進国の中ではかなり低い方だと言われています。

経済というのは成長すれば成長するほど、物価も収入も上がっていくものです。例えば２０００年代中頃までの最低賃金は６００円台でしたが、２０２４年現在は９００円台で、１０００円を超えているところも多くあります。でもその分、商品の値段も上がっていて、物価がどんどん高くなっています。

さて、具体的なニュースを見てみましょう。

２０２４年10月に行われた衆議院選挙で、国民民主党が28議席を獲得するという躍進をし、早速その公約のひとつである「１０３万円の壁」の撤廃に向けて動いていることがニュースになりました。これは、**収入が「年１０３万円」を超えてしまうと、所得税が課され始めることを指した言葉**です。

学生やフリーターのような家族の扶養に入っている人は、バイト代やパート代で年収１０３万円を超えると扶養から外れて、親などの扶養者の所得税と住民税が増えてしまうというものでもあります。**１００万円稼ぐのと１１０万円稼ぐのとでは、１１０万円稼いだ人の方が税金で引かれる金額が多くなって、最終的に残る金額が１００万円よりも低くなってしまうから、１０３万円以上は稼がないようにする、というような調整を行っている人もいます。**

国民民主党は、この制度が30年以上変わっていないことを指摘して、これを変えるべきだとして政策立案をし、日夜ニュースで議論の的になりました。

でも人によっては、「30年以上変わっていないが、どこがそんなに問題なんだ?」と考えることもあるかもしれません。「103万円の壁」批判は、先ほどの経済の原理を知っていると納得できるものなのです。最低賃金が上がっているけれど、103万円以上稼いでしまうと課税が大きくなるから、実際には103万円以上稼ぐ学生・フリーターが少ない。これに対して、「おかしいんじゃないか」と批判されているというわけなのですね。「103万円の壁」は、経済成長の阻害につながります。

経済を理解すると、このようにいろんなものの見方ができるようになります。冒頭のビッグマック指数を理解すると、もし日本が順調に経済成長すれば、2050年にはビッグマックは1000円になるかもしれません。「高くて買えない!」と思うかもしれませんが、そのときにはきっと収入も増えているかもしれないわけですね。

Holmes' Point

・経済というのはどんどん成長していくもので、物価も上がり、賃金も高くなっていくのがベストとされている

・ビッグマック指数は、各国の経済成長を反映しているもの

Challenge!

牛丼の値段は、2013年には約280円だったのに、2024年には約430円になっています。どうしてこんな値段の変化が起こったと考えられますか？

①牛丼のメーカーが意地悪で牛丼の値段を釣り上げたため

②牛肉の値段が急激に高騰してしまったため

③材料費や人件費が全体的に10年前と比べて高くなってきているため

答えは173ページ

20 「一年生」と「1年生」、漢数字と算用数字ってどう使い分けるの？

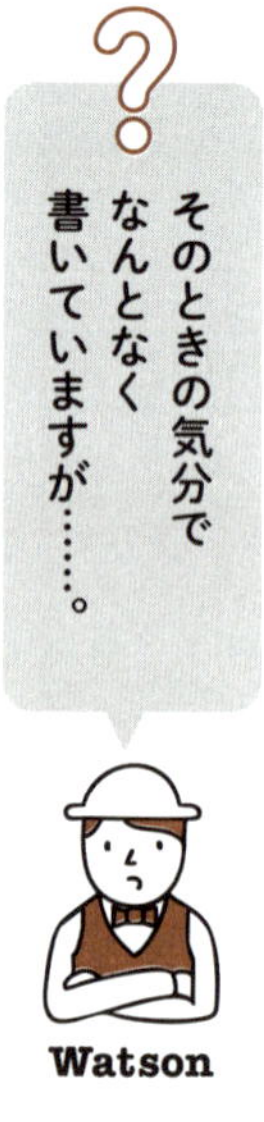
そのときの気分で
なんとなく
書いていますが……。
Watson

日本語で数字を表したいとき、2つのパターンが考えられます。それが漢数字と算用数字です。この2つの使い分けが悩ましいのは日常的に出てくる数字をどちらで書けばいいのかわかりづらいからです。

相手に送るはがきや封書には、必ず住所を記入しますよね。相手に失礼のないように正確に住所を書く必要があるのですが、そのときに困るのが番地や階、部屋番号など、たくさんの数字の正しい表し方だと思います。正しい書き方をしないと自分のマナーレベルも疑われてしまう住所。そんなときに正しい表記でスマートに書けるようになっておきたいですよね。いったいどのように使い分ければいいでしょうか？

実は、**漢数字と算用数字の使い分けには、厳密な決まりというものが存在しません。ですが、慣例として、おおまかなルールに従ってなんとなく使い分けられています。**

まず**大きな原則として、縦書きの文章では、算用数字は使いません。**日本の伝統的な文章の書き方は縦書きですが、算用数字が使われている欧米圏において文章は横書きで書くものです。そのため、**算用数字が縦書きの文章の中に登場すると、どうにも違和感が生まれてしまいます。**

身近な例として、郵便物に宛先を書くときをイメージしてみてください。横書きであれば「2丁目3番地」などと書くところを、縦書きとなると自然に「二丁目三番地」と書くのではありませんか？　やはり私たち日本語話者には、「縦書きで算用数字はなんか気持ち悪いな……」という感覚があるのでしょう。もちろん例外的に、新聞記事など読みやすさが重視される場面では、算用数字が縦書きの中に使われていることもあります(ちなみに本書もそうです)。

また、もうひとつわかりやすい基準として、**数字を別の数字に入れ替えることができるものは算用数字で書く、入れ替えられないものは漢数字で書く、という使い分け方があります。**具体的に言うと、**熟語や固有名詞の中に登場する数字は漢字**で書きます。いくら数字を意味する漢字が含まれているからといって、「九州」を「9州」と書いたり、「一生懸命」を「1生懸命」と書いたりすることはありませんね。期間を表す「1年」は算用数字で書いても、「一年の計は元日にあり」は漢数字で書くでしょう。

こんなことを言われても「当たり前だろ」と思うかもしれませんが、実は意外と微妙なケースがあります。例えば、数学で、ある線分ABを真ん中でちょうど2つに分ける点をPとすると、この状況は「点Pは線分ABを2等分する」などと書き表すことができます。これは「2等分する」のところが「3等分する」でも「5等分する」でも表現として成立するため、算用数字で書きます。しかし一方で、数学には「角の二等分線の性質」というものが出てきます。この「二等分線」は漢字で書くという人が多いのではないでしょうか？　もちろん、算用数字で書いてはいけないということはないのでしょうが、これはやはり「角の二等分線の性質」でひとつの単語であり、「二等分線」の「二」のところを3だの5だのに変えても成立する！　とは思えない感覚が私たちの中にあるということなのです。「二人三脚」は「2人3脚」と書いてもあまり違和感がない気もしますが、「100発100中」には違和感がありませんか？　「10000が1」は変ですよね。では「3者3様」は？　「3日坊主」は？

このように、漢数字と算用数字の使い分けには明確な決まりはなく、突き詰めて考えると難しい部分もあります。とはいえ、**違和感がある表現を避けるためのおおまかな原則に従う**ことで、例えば「一人前」と書くときはその人の腕前がいっぱしの水準に到達していることを表す熟語表現で、「1人前」と書くときは食事の量などが1人分であることを表す、といった使い分けができるようになり、読みやすくて誤解の少ない文章が書けるようになるでしょう。

Holmes' Point

・漢数字と算用数字、どっちで書いてもいい場面は多い
・とはいえ、縦書きなのに算用数字で書いてあると違和感がある。この小さな違和感を抱けることが大事

Challenge!

あなたは学校の文化祭で、お客さんを呼び込むためにチラシ配りを任されました。近くを通ったお客さんがこちらに向かって「そのチラシ、『いちぶ』ください」と言ったとき、この「いちぶ」の「いち」は算用数字でしょうか、漢数字でしょうか？

①算用数字「1」
②漢数字「一」

答えは173ページ

21 食料自給率が100％を超えるってどういうこと？

100％を超えた分はどうなってしまうのでしょう？

みなさんは、日本の食料自給率を知っていますか？　食料自給率とは、その国で消費されている食品が、どれくらい自分の国で作られたものなのかを示す割合です。

これ、実は**2種類存在する**ことを知っていますか？　**カロリーベースの食料自給率と、生産額ベースの食料自給率の2つ**です。

まずカロリーベースの食料自給率は、国内の総エネルギー供給量のうち、どの程度が国内で生産された食料によって賄われているかを示します。**各食品の**

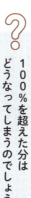

生産量から供給されるカロリーを集計して、国内で提供される総カロリーに対する割合を計算するものです。

もうひとつが生産額ベースです。国内で消費される食料の総価格のうち、どれだけの額が国内で生産された食料によるものかを示します。**国内で消費される食料の価格（国内生産品と輸入品の総額）に対して、国内で生産された食料の価格が占める割合を計算する**ものです。

この結果で見ると、日本はカロリーベースの食料自給率で38%、生産額ベースの食料自給率で61%になっています。**なぜこのような差が出るのでしょう?**

それは、グラムあたりのカロリーで計算しているか、値段で計算しているかの違いです。測り方によって、このように差が出てしまうものなんですね。

さてその上で、**食料自給率は100%を超えることがあります。**例えばカロリーベースで、北海道の十勝では1212%、カナダでは266%だったことがあります。

食料自給率とは、「その国が、どれくらい自給（=その国の中で作られたものを食べること）できているのか」を測る数字です。それがなんで、100

%以上になるんですか？　どういう状況か、よくわからないですよね。

ここで使えるのは、数学の知識です。**食料自給率というのは「率」と書いてありますから、分子÷分母の割り算**であることがわかります。

ここも含めて、食料自給率の計算方式を考えてみましょう。整理すると、下の数式になります。

注目するべきは、**分母に「国内生産＋輸入－輸出」と書いてある**ことです。

例えば米で言えば、自分たちの国で作った米に加えて、どこかの国から持ってきた米を食べているので、「国内生産＋輸入」を分母にして計算すれば、「自分たちがどれくらい自給できているのか」がわかります。ですから、ここまでは計算方式として納得感がありますし、式を作らなくてもわかったと思います。

ですが、ここからが問題です。

「国内生産＋輸入－輸出」

食料自給率の計算方法

$$\text{食料自給率(\%)} = \frac{\text{国内生産}}{\text{国内生産} + \text{輸入} - \text{輸出} \pm \text{在庫の増減}} \times 100$$

「－輸出」というのがついているんですね。これは、逆に自分たちの国が他の国に対して米を輸出していたら、その分だけマイナスで計算するという意味です。ですから、**輸入が少なくて輸出が多い国は、分母が分子よりも小さくなるんですよね。そうすると、％を計算すれば、１００％を超える**わけです。

例えば帯広であれば、日本の他の地域に輸出しているわけですね。**１００％以上になっているというのは、輸出をしているということ**なのです。例えばカナダはアメリカとの貿易を非常に積極的に行っており、「この商品は隣の国から輸入しよう」「この商品はこっちから輸出しよう」と決めていて、多くのものをアメリカに輸出しているから１００％を超えるわけです。

こういった数字のトリックを見抜けるようになりましょう。自分たちの身の回りに１００％を超えているものがあったら、分母を疑ってみてください。

Holmes' Point

・何を分母と分子にするかによって、データは大きく変わってしまうことがある

・数字の切り取り方によっては、100%を超える値になることもある

Challenge!

帯広の自給率が大きい理由は、帯広が多くの食料を輸出しているからという理由以外に、もうひとつ考えられます。なんだと思いますか？

答えは 173 ページ

22 「中央アジア」と「西アジア」ってどのあたり？

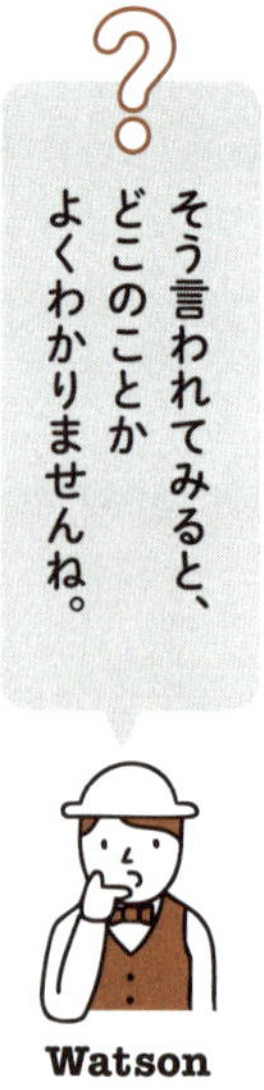
そう言われてみると、
どこのことか
よくわかりませんね。
Watson

ロシアのウクライナ侵攻により、西側諸国と中国・ロシアとの対立が深まっています。国際情勢の緊張感が高まる中、２０２４年の夏に「岸田文雄首相（当時）が中央アジアを訪問する」という情報が出て、これに対してロシアの外務省高官が警戒感を示しているというニュースが流れました。実際は、日本国内で発生した地震に対応するため訪問は取りやめになりましたが、諸外国との連携が今後も重要であることに変わりはありません。

また、ウクライナ以外にも、世界には紛争の起きている地域があります。イスラエルではアラブ人勢力とユダヤ人勢力による紛争が続いており、大きな被害が出ています。このニュースでは、紛争が起きている地域は「西アジア」と表現されています。

さて、みなさんは**「中央アジア」「西アジア」と聞いて、世界地図のどのあたりかイメージできますか？**

私たちの住む日本は、大きなくくりで言えば「アジア」に分類される国です。東の方にあるので、日本や中国・韓国などの近隣諸国とひとまとめにして「東アジア」と呼ばれることもありますね。

そもそも**「アジア」とは、ヨーロッパを除くユーラシア大陸全般を指す言葉です。逆に言えば、ユーラシア大陸のうちヨーロッパでない部分がすべて「アジア」に含まれる**ので、ギリシャとエーゲ海を挟んで向かい合うトルコから、南はサウジアラビアなどがあるアラビア半島や、インド、タイ、マレーシア、そして中国や日本まで、**非常に広範な地域が「アジア」と呼ばれています。**

アジアはとても広く、ひとくくりにして話すにはその内実に大きな幅があります。ヨーロッパの影響を受けているキリスト教圏もあれば、イスラム教圏、仏教圏、ヒンドゥー教圏と、宗教的にもさまざまです。そこで、**アジアのある地域について語るときは、「アジアのどのあたりか」を示す用語を使うことが多い**です。

国連の分類によると、「西アジア」「中央アジア」「南アジア」「東南アジア」「東アジア」の5つに大別されています。

「**西アジア**」はアジアの西の方で、主にトルコやアラビア半島、およびその周辺地域を指します。代表的な国としては、トルコやサウジアラビア、イラン、イラク、アラブ首長国連邦など、イスラム教で産油国が多いイメージです。紛争が起きているパレスチナもここに含まれます。

「**中央アジア**」はその東にある、かつて「トルキスタン」と呼ばれた地域を指します。今の国名ではカザフスタンやタジキスタン、ウズベキスタンなど、「国」を表す「スタン（stan）」で終わっている国々です。

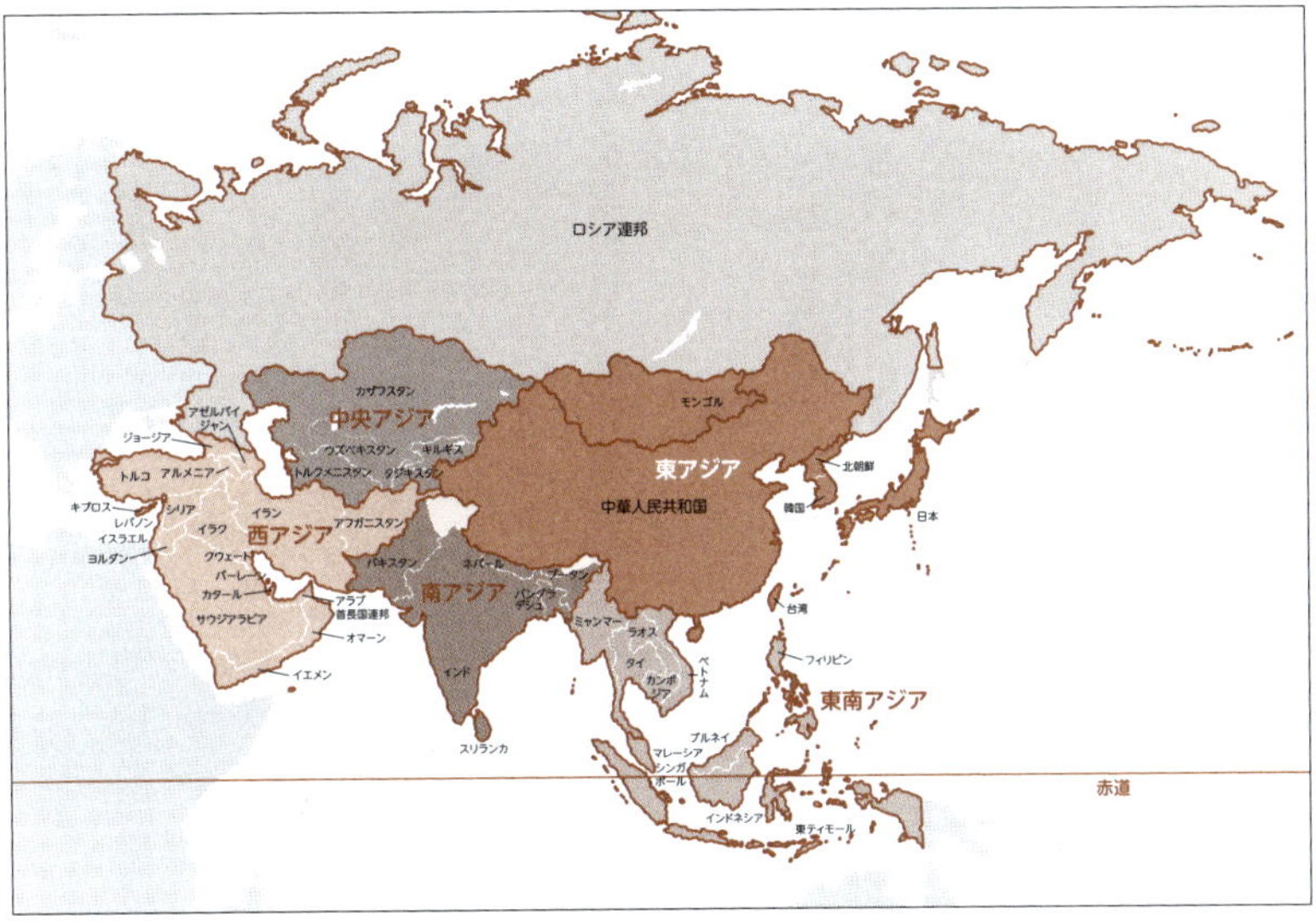
ロシア連邦
カザフスタン
中央アジア
アゼルバイジャン
ジョージア
ウズベキスタン
キルギス
トルクメニスタン
タジキスタン
トルコ
アルメニア
キプロス
シリア
レバノン
イスラエル
ヨルダン
イラン
イラク
西アジア
アフガニスタン
クウェート
バーレーン
カタール
アラブ首長国連邦
サウジアラビア
オマーン
イエメン
パキスタン
ネパール
ブータン
南アジア
バングラデシュ
インド
スリランカ
モンゴル
東アジア
中華人民共和国
北朝鮮
韓国
日本
台湾
ミャンマー
ラオス
タイ
カンボジア
ベトナム
フィリピン
東南アジア
ブルネイ
マレーシア
シンガポール
インドネシア
東ティモール
赤道

「南アジア」はインドやパキスタン、バングラデシュなど、かつてイギリス領インド帝国から独立した国々が中心です。

「東南アジア」はさらにその東の地域で、比較的新しく使われるようになったくくりです。ミャンマーやタイ、ベトナムといった大陸国と、インドネシアやマレーシアなどの島国があります。

「東アジア」はアジアの東の端の地域で、モンゴルから中国、韓国、日本などを含みます。

他にも「北欧」「中東」「カリブ諸国」など、地域を表すくくりはたくさん存在します。**それぞれの代表的な国や位置関係、おおまかな特質を知っておくことで、ニュースを整理して聞くことができます。**

Holmes' Point

・「アジア」では指している範囲が広すぎるので、もう少し細かく分けて呼ばれることが多い
・おおまかな位置関係は把握しておこう

Challenge!

あなたは、「中東」と言われてどんな国をイメージしますか？　サウジアラビアやイラン、イラク、アラブ首長国連邦などでしょうか？　これらの国々は、地域的には「西アジア」と呼ばれますが、「中東」と「西アジア」は何が違うのでしょうか？

答えは 173 ページ

東大視点

第3章

日常生活の理解度を上げる

知識と教養があると、ものごとを見て得られる情報が変わってくることがあります。例えば東大生は、普段街を歩いていても、その景色の中からいろんなことを学んでいます。

「なんでコンビニはこんなに近接して立地しているんだろう？　コンビニの立地はどんな戦略で決められているんだろう？」「promiseは約束って意味の英単語だけど、それがどうして金融の会社の名前に使われているんだろう？promiseって語源的にはどんな意味なんだろう？」なんて具合に、**日常のささいなことに疑問を持って、学びに活かしている**例が多いです。

次の例を考えてみてください。

大阪の某A駅の南側にはすでに2軒の100円寿司店があるのに、北側に新たに1軒がオープンしました。その店舗はビルの10階という不便な場所にあり、1階はパチンコ店のため、一見すると100円寿司のメインターゲットである家族連れには行きづらそうです。「**なんで、こんなところに新しくオープンしたんだろう?**」と疑問に思いますよね。

この疑問を解くために、A駅の北側がどんな場所か調べていくと、大型の家電量販店が多数あり、海外からの観光客が多く訪れるエリアだということ

がわかります。そこから、**団体客や観光目的の家族連れを狙って出店したのかもしれない**、と推測できます。

逆に言えば、**ニュースや日常生活の中で、「あれ？　これってなんでだろう？」と思ったことをスルーしていることってありますよね**。「大統領選挙と日本の総理大臣の決定の仕方はどう違うんだろう？」「なんでドラッグストアってこんなにたくさんあるんだろう？」。そんなふうに考えても、その疑問を調べることなく、「ま、いいや」と思ってスルーしてしまっていることが多いのではないでしょうか？　**そういう疑問と向き合うことで、知識と教養が得られます。**

そしてその知識と教養があれば、また新しい疑問が湧いてくると思います。「今回の大統領選挙は、こういうポイントがいつもと違うよな。なんでだろう？」「普通はこんな立地で出店しないはずなのに、どうしてこうなっているんだろう？」と考えることができるようになるわけです。そうやって**無限にいろんな学びを得られていくからこそ**、**頭のいい人はどんどん頭が良くなっていくと言えるのではないでしょうか。**

この章では、**「それを知っておくと、他の疑問も持ちやすくなるような知識」**をみなさんとたくさん共有したいと思います。街を歩くとき、ニュースを見るとき、人の話を聞くときに疑問を持つことができるようになる。そんな教養をみなさんに提供できればと思っています。

23 「クレジットカードで借金」と「銀行で借金」は何が違うの？

お金を預けるのは銀行だけで
クレジットカード会社に
お金を預けることはしませんよね。

Watson

お金が手元になくても買い物ができるクレジットカードは、まるで魔法のような存在です。しかしその便利さゆえに自分がいくら使ったのかを意識しにくく、ついつい使いすぎてしまう危険性があります。

特に利用金額にかかわらず毎月一定額を支払う「リボ払い」という方式は利便性が高い一方で、支払い完了までの期間がわかりにくく利息や手数料がかさんで支払い総額が増えるため、気がつくと借金が膨らんでいて返済が立ち行かなくなる利用者も続出しています。そのため、リボ払いを利用する際は慎重になるよう各所で呼びかけられています。

そもそも、なぜクレジットカードを使えば現金が手元になくても商品を買えるのでしょうか？　それは、**クレジットカード会社がお金を立て替えてくれるから**です。クレジットカード会社は立て替えた分の代金を利用者から返してもらう必要があり、返せるアテのなさそうな人に利用を許してしまうと未払いの危険性があります。

「クレジット」は「信用」という意味の英単語です。**クレジットカードを作る際には、その人から返済が期待できるか（＝「信用」が置けるか）をじっくり審査する**のです。

さて、**クレジットカード会社はこのように、利用者の「信用」に基づいてお金を「貸す」ことを業務としています。このような業務を「与信業務」といい、通常は銀行が行うものです。**クレジットカード会社と銀行は、いったい何が違うのでしょうか？

クレジットカード会社のように、お金を「貸す」業務は行いますが、お金を「預かる」業務は行わない金融機関を、銀行と区別して「ノンバンク」と呼びます。「ノンバンク」には、クレジットカード会社の他にも、家や車の購入者への貸付などを行う信販会社、利用限度額の範囲内でカードローンによる貸付を行う消費者金融といった金融業者が含まれます。

一方で、「信用金庫」や「信用組合」は非営利法人であるという点で銀行と区別されますが、預金業務を行うので「ノンバンク」には含まれません。

銀行と「ノンバンク」には、制度上さまざまな違いがあります。まず、**銀行には銀行法という法律が適用されますが、「ノンバンク」は銀行法の対象ではなく、代わりに貸金業法という法律によってひとりあたりに貸し出せる金額の上限が年収の1／3までと定められています。**

銀行法にはそのような貸付総額の規制はありませんので、家や車のローンの他、事業のために会社が借りるお金など、大きな金額の貸付を行うことができます。**「ノンバンク」は融資（お金の貸し出し）までのスピードが速く、最短即日を謳い文句にしているキャッシング業者もあるほどですが、金利（貸したお金に対する利息の割合）は銀行に比べて高い傾向**にあります。また、信用は本人について判断されるので、例えば配偶者に収入がある場合でも、本人が無収入であれば基本的には借り入れることはできません。

このように、クレジットカード会社などの「ノンバンク」は銀行ではありませんが、与信業務を行う金融機関であることには違いありません。引き落としの期限や口座残高をきちんと確認し、十分注意して利用するよう心がけましょう。

Holmes' Point

・手元にお金がなくても支払いができるクレジットカードは、便利だが危険性が高い
・銀行ではなくても金融機関には変わりないので、お金を借りるときは慎重に！

Challenge!

あなたは新発売のゲーム機をどうしても買いたいのですが、手持ちの現金では足りず、銀行口座にもほとんどお金が入っていません。しかし、クレジットカードを使うことで、ゲーム機を買うことができてしまいました。どうして買えたのでしょうか？

答えは 174 ページ

24 切符売り場の硬貨の投入口が縦型なのはなぜ？

スーパーの、セルフ会計用のレジでも投入口が縦型のタイプをよく見かけますね！
Watson

乗車定期券やＩＣカードを使っていると、駅の券売機で切符を買う機会は少ないかもしれません。この券売機に関して、ちょっと不思議なことがあります。切符売り場の**硬貨の投入口は縦型**（穴が上に向かって開いている状態）なんですよね。

例えば、飲み物の自動販売機を思い浮かべてみましょう。**硬貨の投入口は横型**（穴が真横に広がっている状態）になっている場合が多いですよね。

なぜ、販売機の硬貨の投入口には、縦型と横型があるのでしょうか？ どんな違いがあるのだと思いますか？

縦と横を比較して考えてみましょう。硬貨を縦にすると、コロコロと転がっていきますよね。横にすると、シュッと下に落ちていきますが、転がすときよりもスピードは遅くなると考えられます。

縦だと硬貨が機械に入るスピードが速く、横だとスピードが遅いわけです。切符の券売機は、多くの人が並んで買うものなので、スピーディーに対応する必要があります。それに対して飲み物の自動販売機は、多くの人が並んでいるイメージはあまりないですよね。急いで飲み物を出す必要はあまりなさそうに感じます。

縦型の方が、横型に比べて硬貨がスムーズに転がるため、決済のスピードが速くなり、行列の解消に役立つわけです。だから、切符売り場では縦で、自動販売機では横になっているわけですね。

ちなみに、硬貨がコロコロと転がるスピードが速いと、その分高性能で大きめの硬貨選別の機械が必要になると言われています。飲み物の自動販売機であれば、そんなに急いで対応する必要があるわけでもなさそうですし、スペース的にも小さい硬貨選別の機械の方が場所を取らないですよね。**硬貨選別の機械が小さければ小さいほど、在庫を多く入れられます。**

このように、機械のちょっとした違いを意識すると、見えてくることがあります。例えば水道の蛇口を考えてみましょう。みなさんの家では、上向きのレバーでしょうか？　それとも下向きのレバーでしょうか？　横向きの場合もありますね。実は、**昔は下向きのレバーが多かったのが、最近は上向きや横向きのタイプが増えてきたといいます。これには、地震が発生したときに上からものが落ちてくるとレバーが押されっぱなしになって二次被害が発生することから、それを防ぐために上向きや横向きのレバーが増えたという説があります。**機械についている投入口やレバーの向きなんて気にしていない場合が多いかもしれませんが、実はいろんなことが考えられて作られることも少なくないわけです。ぜひ、注目してみてください。

Holmes' Point

・縦型の投入口は、横型のものよりも硬貨の選別が速く、行列の解消につながる
・飲み物の自動販売機は、投入口が横型で硬貨の選別は遅いが、そのぶん選別機が小さいので在庫がたくさん入る

Challenge!

あなたは新しくできたスーパーのオーナーになりました。従業員の人数を最小限に抑えるため、セルフレジを設置することにしたのですが、どんなレジを買えばいいか考えています。硬貨の投入口は縦型がいいでしょうか？　横型がいいでしょうか？

答えは174ページ

25 便利なドラッグストアがたくさんあるのは憲法のおかげ？

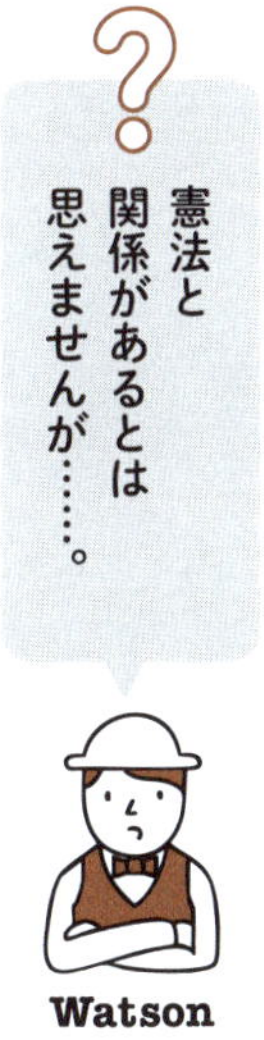
憲法と関係があるとは思えませんが……。
Watson

街中にあるドラッグストアは便利で、ちょっとした食べ物や生活用品、化粧品まで揃っているため、つい立ち寄りたくなります。店舗によっては薬剤師が常駐し、処方箋に基づいた薬を受け取れるコーナーがあるところも。
また、**24時間営業の店舗も多く、スーパーのようでもあり、コンビニのようでもあり、薬局のようでもある、不思議な「なんでも屋さん」のような存在**です。

では、この**ドラッグストアとは、結局どんなお店なのでしょうか？** そして、コンビニとは何が違うのでしょうか？

厚生労働省の統計によると、**全国のコンビニの数は約5万6000店舗。一方、薬局の数は、実はそれを上回り、約6万2000店舗も存在しています。**薬局の数がこれほど多いのは意外に感じるかもしれませんが、それだけ医薬品の需要がある証です。しかし、**薬局はもともとどこにでも自由に作れるわけではなく、かつては設置場所に一定の制限が設けられていました。**

かつて日本には「薬事法」という法律があり、薬局の開業に際して「設置場所が配置上適正であること」という条件がありました。これは要するに、他の薬局との間に一定の距離を保たなければならない、というもので、都道府県ごとに具体的な「距離制限」が条例で定められていたのです。

この状況が一変したのは1975年、最高裁判所が薬事法に基づく距離制限を「違憲」と判断したことがきっかけでした。

この問題が発生した経緯は次のようなものでした。ある会社が広島県内で医薬品の一般販売許可を知事に申請し、受理されました。しかし、その翌日に旧薬事法が改正され、「設置場所が配置上適正であること」という制限が追加され、広島県の条例で「おおむね100m以上」の距離制限が新たに設けられたのです。これにより、申請された店舗はこの距離制限に抵触することになり、営業が不許可とされました。これに対して会社は訴訟を提起し、**距離制限が「営業の自由」を保障する憲法第二十二条に違反する**と主張して争いました。

広島県は「薬局の乱立」が「過当競争による経営の不安定化」を招き、その結果「不良医薬品の供給リスク」や「医薬品の乱売・乱用の恐れ」を生じさせると主張しました。しかし、**最高裁判所は、「目的を達成する手段」として「距離制限」を設けることは合理的でないと判断し、薬事法の制限を違憲としました。**

この判決によって、**「設置場所が配置上適正であること」という条件が削除され、日本全国で薬局の開設に関する距離制限がなくなりました。**

このようにして、薬局は距離制限なく設置できるようになり、街中で多様な商品を扱うドラッグストアが急増しました。**医薬品の販売許可を持つ一方で、**

食品や日用品を豊富に取り扱い、利便性を高めた店舗形態が誕生し、現代の多機能型ドラッグストアへと発展していったのです。

今では当たり前のようにどこにでもあるドラッグストアも、ほんの50年前には配置制限があり、どこにでも開業できるというものではありませんでした。こうした歴史を知ると、医薬品を含む多種多様な商品を日常的にドラッグストアで購入できる利便性を、改めて感じられるかもしれません。

Holmes' Point

・もともと薬局を作るためには距離制限を守る必要があった
・その距離制限が違憲判決を受けて撤廃されたのでドラッグストアが増えた

Challenge!

ドラッグストアで買い物をしていると、ある一角に置いてある商品だけは別のレジで会計をするよう求められることがあります。これは一体どういうことなのでしょうか？

答えは 174 ページ

26 中身は同じなのに名前は違う「プライベートブランド」って何？

普通のメーカー商品に比べてリーズナブルなイメージがありますよね。

Watson

コンビニでお菓子を選んでいると、妙に安い商品を見かけることがありますよね。通常、販売されているお菓子はお菓子メーカーが製造し、コンビニなどの小売店で販売されています。しかし、なぜか見覚えのある商品によく似たものが、コンビニ独自のブランドで安く売られていることもあります。これは、一般的な商品と何が異なるのでしょうか？

こうした商品は「プライベートブランド（ＰＢ）」と呼ばれます。**プライベートブランドは、コンビニやスーパーなどの小売店や卸売業者が企画・開発した**

オリジナルブランド商品で、例としてセブン-イレブンの「セブンプレミアム」、イオンの「トップバリュ」、マツモトキヨシの「matsukiyo」などが挙げられます。

プライベートブランド商品は、一般的なブランド商品に比べて価格が安く設定されていることが多いです。その理由のひとつに、中間コストの削減があります。**通常、メーカーから商品を仕入れて販売する場合には卸売業者など複数の段階を経るため、その分のコストが価格に上乗せされますが、プライベートブランドではそうした中間コストを削減できます。また、広告宣伝費が少なくて済むことも価格を抑えられる一因**です。また、パッケージデザインもシンプルであることが多く、**パッケージにかかるコストも削減**されています。

プライベートブランド商品はそのお店の名前を背負っているので、お店のイメージに直結します。**商品に対する責任を重視し、品質管理に力を入れています。万が一商品に不備があれば、そのまま店の信頼が損なわれるため、安価でありながらも品質にこだわった商品開発が求められます。**プライベートブランド商品には、内容物の品質や製造工程の信頼性を確保し、顧客が安心して購入できるように工夫されているものが多くなっています。

また、**プライベートブランド商品であっても、実際には有名メーカーが製造している場合が少なくありません。**要するに、パッケージのデザインが違っていても、中身が同じときもあるということです。

「この商品、どこかで見たような……」と感じたら、大手メーカーの有名商品と中身が同じ可能性もあるのです。パッケージがシンプルであるため、パッと見ではわかりにくいですが、製造元を確認すると、意外な大手メーカー名が記載されていることがあります。このような場合、パッケージや広告にかかるコストが削減されているため、従来のブランド品よりも安く購入できるわけです。

プライベートブランドの味や品質が気になる場合には、裏面の製造元表示を確認することで、選択の際に参考にできるでしょう。今後、コンビニで買い物をするときに、「このプライベートブランドはどこが作っているのだろう？」と気にしてみることで、新しい発見があるかもしれません。

Holmes' Point

・プライベートブランド商品は、卸売業者などの中間業者や広告にかかるお金が抑えられる分、値段が安くなっている
・プライベートブランド商品の実際のメーカーを調べてみると、面白い発見があるかもしれない

Challenge!

確かに販売側からすると、プライベートブランドのメリットは大きいのかもしれません。しかし、商品を実際に作っているメーカー側にとっては、自分たちの本来のパッケージで販売できないということでもあります。プライベートブランドに協力することで、メーカー側にもメリットはあるのでしょうか?

答えは174ページ

27 同じブランドのコンビニが近くにできるのはなぜ?

エリアの店舗数ノルマがあるとか企業の都合でそうなっているとかではないでしょうか……?

街を歩いていて、ふと喉が渇いたり、小腹が空いたりすることってありますよね。そんなとき、手軽に立ち寄れるのがコンビニです。セブン-イレブン、ローソン、ファミリーマートといった大手ブランドがあり、それぞれ個性を打ち出し、顧客の獲得に力を入れています。

ところで、**同じブランドのコンビニが妙に近くに立っている光景を見たことはありませんか?** 例えば、半径100m以内に同じブランドのコンビニが3軒立っていることさえあります。他社コンビニの近くに自社店舗を構えるのは理解できます。競合の顧客を取り込むことができるからです。しかし、**自社の店舗同士で顧客を取り合うことになると、全体としての売り上げは変わらないのでは？**　と思うかもしれません。それならば、まだコンビニが少ない場所に新しく店舗を展開した方が、より多くの顧客を獲得できるように思えます。

では、なぜコンビニは自社店舗の近くにさらに新しい店舗を作るのでしょうか？　実はこれには、しっかりとした経営戦略が存在します。それが「**ドミナント戦略**」です。ドミナント（dominant）とは、「支配的な」「優勢な」という意味の英語で、この戦略は**特定の地域に集中して自社店舗を展開することで、その地域での顧客シェアを独占し、競合他社が入り込む余地をなくす**ものです。

ドミナント戦略の**最大のメリットは、配送効率の向上**です。コンビニはほとんどが24時間営業のため、商品供給が滞りなく行われることが重要です。店舗が近くに密集していれば、配送ルートを集約でき、効率的に商品を届けることができます。また、配送コストの削減にも繋がります。さらに、ＰＯＳシステムなどを活用してリアルタイムで売れ筋商品を把握し、**地域ごとのニーズに即し**

た商品補充が可能になるため、店舗間の連携が強化され、無駄な在庫を減らすこともできます。

加えて、ドミナント戦略には、地域でのブランド認知度を高める効果もあります。同じブランドの店舗が複数存在することで、**顧客の目に留まる機会が増え、自然と認知度が向上**します。さらに、その地域特有のニーズや消費者の傾向を把握しやすくなるため、**地域密着型のマーケティングが可能となります。これにより、その地域ならではの売れ筋商品を効率的に提供でき、売り上げ拡大に繋がる**のです。

ドミナント戦略は、コンビニだけでなく、カフェチェーンやファストフードチェーンなどでも広く採用されています。これにより、配送やマーケティングの効率を高め、顧客の獲得を強化しているのです。今度、街を歩いているときには、同じブランドの店舗が密集していることに気づくかもしれませんが、それは**単なる偶然ではなく、計算された経営戦略**なのです。

Holmes' Point

・ドミナント戦略によって集中して自社店舗を展開することで、競合他社が入り込みにくくなる
・配送効率向上や地域密着型のマーケティングが可能になるなど、ドミナント戦略のメリットはさまざま

Challenge!

ドミナント戦略は地域全体での売り上げを高める戦略です。しかし、同時にデメリットもあります。一体どんなデメリットがあるのでしょうか?

答えは 174 ページ

28 「ホットペッパー」と「じゃらん」は何が違う？

「ホットペッパー」は美容系のお店、
「じゃらん」は宿泊施設で、
予約できる分野が違うだけでは……？

Watson

「ホットペッパー」は、レストランや美容室、サロンの情報が得られ、予約ができるサイトですね。「じゃらん」は、旅行先の宿の情報などが得られ、予約ができるサイトです。

どちらも同じ会社が運営している「お店の情報が載っていて、予約ができるサイト」ですね。**一見するとほぼ同じサイトだと感じられると思うのですが、この2つには、大きな違いがあります。ズバリ、お金の稼ぎ方が全然違う**のです。

何かビジネスの情報を集めるときに重要なのは、「どこで、どうやってお金を得ているか」を考えることです。その点で調べてみると、面白いことがわかります。「ホットペッパー」は、サイトに情報を登録して掲載するのにお金が発生します。お店から、「掲載料」という形で、お金をもらっているわけです。

それに対して、「じゃらん」はサイトに情報を登録するのにはお金はあまりかからないようになっています。でも、もし予約をした人がいたら、その人の払ったお金の一部が、仲介手数料として「じゃらん」に支払われます。先ほどの「掲載料」とは違って、「仲介手数料」をもらうビジネスなのです。ですから、運営会社にとって「ホットペッパー」は「とにかく多くのお店が登録してくれるのがプラス」であり、逆に「じゃらん」は「登録件数が多いかどうかはあまり気にしなくていいので、とにかく多くの人が利用してくれるのがプラス」になるわけです。

さて、「へえ、そうなんだー」と思ってもらった上で、もうひとつみなさんには考えてほしいことがあります。このモデルの違いが、ビジネスにおいてどのような違いを生むかわかりますか？

「じゃらん」の方は、しっかりと宿の人と相談して、「どうすれば人が来てくれるのか」「どんなふうに情報を掲載したら人が来やすいのか」を考える必要があるビジネスです。「じゃらん」に掲載しても、お客さんが少なかったら意味がなくなってしまうからです。

それに対して「ホットペッパー」は、どれだけ多くのお店がサイトに情報を掲載してくれるかがポイントになります。そのお店にどれだけ人が来るかは、掲載しているお店次第になっているわけですね。

だから、ということかはわかりませんが、「じゃらん」のサイトを見ると、さまざまな旅行のパッケージがあることがわかります。このパッケージで泊まってくれれば、運営会社にその仲介手数料が入るわけですね。

みなさんがお店を経営している人であれば、こうした細かい違いを知っておくことはとても大きなプラスになるでしょう。**相手がどこで儲けている会社なのかがわかれば、win-winの関係性を築くことができるかもしれない**からです。しっかりとこのポイントを見極めるようにしてみてください。

Holmes' Point

・同じようなサービスであっても、ビジネスモデルが違うものがある
・お金の稼ぎ方によって、ビジネスの違い・仕事の仕方が変わる場合がある

Challenge!

あなたはECサイトを立ち上げました。そのサイトでいろんな商品を売っていこうと考えていて、それらの商品を作っている会社との関係をしっかりと構築し、商品作りに関しても一緒に考えたいと思っています。どちらのお金の集め方の方がいいでしょう?

①掲載料をもらう　②売り上げの一部をもらう

答えは175ページ

29 なぜ、シャッター通り商店街は増えたのか？

商店街は、割と年配の人が行くイメージです。ファミリー層があまり行かないからでは？

みなさんの家の近くに、商店街はありますか？　駅前商店街は、昭和から平成にかけてとても大きな賑わいを見せていました。多くの商店街では、駅からの一本道のところにずらっと青果店や鮮魚店、精肉店が並んでいて、道を歩きながら商品を購入することができました。でも最近は、これらの人気がどんどん落ち込んできて、「シャッター通り商店街」なんて言われるようになってしまいました。なぜ、商店街は廃れてきているのでしょうか？

実はこれ、場所が関係しています。まず**商店街は、駅の前に存在していること**

が多いです。駅は交通の拠点で、人の往来が多い。だからこそ駅前に商店街が作られて、多くの人が利用していたと考えられます。

最近それが落ち込んできているのは、逆に、**駅を利用する人が少なくなったからなのではないか**と考えることができます。

商店街が栄えていた時代に比べると、自家用車を保有している人はかなり増えました。モータリゼーションの加速によって、**車を利用して通勤する人も多くなり、地方部は車を持っていない家庭の方が圧倒的に少なく**、家庭によっては2台以上所有していることもめずらしくありません。

このように、**電車よりも車での移動が多くなってきたことが、実は商店街の人気を減退させた原因のひとつ**なのです。商店街での買い物は、いろんなお店で商品を買った後に、電車に乗って（または徒歩で）家まで荷物を運ばなければならないので、持ち運びが大変ですよね。

その点、車だと大量の荷物が運べるので、楽に買い物ができます。**ファミリー層にとっては、日用品や食料品をまとめて買うことができるため、車を使って**

スーパーに行く方が楽でしょう。スーパーには駐車場があることが多いため、その駐車場を使えば荷物を運ぶことが容易です。それに、同じチェーンであれば、他の地域の店舗でも使えるポイントも貯まるのでおトクですよね。

平成の中頃から終盤にかけて、特に地方にはイオンをはじめとして、たくさんのロードサイドショップが作られるようになりました。**大規模な駐車場を完備して、食料品店だけでなく家具店や書店、場所によっては映画館まで備えた大型店舗がいくつも作られ、そこにお客さんを取られてしまった商店街は、どんどん寂れていった**というわけですね。

決して、「イオンが便利だからシャッター通り商店街が増えた」ということだけではありません。**電車から車に移動手段の中心が変わったことが要因のひとつだと考えることができる**のです。このように、「何で移動しているのか」を考えるのはとても重要です。

Holmes' Point

・時代によって、人の移動の仕方は大きく変わってくる

・移動がどのようにして行われているかによって、人の集まる場所が大きく変わる場合がある

Challenge!

駅前商店街の中でも、時代の流れに負けずにずっと続いている場所もあります。どのような要因が考えられるでしょうか？

答えは 175 ページ

30 「たけや〜さおだけ〜」ってなんの放送なの？

何度も聞いたことはありますけど実際に利用したことはないですね……。本当に物干し竿屋さんなんですか？

Watson

昼下がりに街を歩いていると**「たけや〜さおだけ〜」という独特な放送**が耳に入ってくることはありませんか？　音が聞こえてくるとなんだか懐かしい気持ちになり、ふと立ち止まって放送の出所を探してしまいます。都会の雑踏や静かな住宅街の中でも、どこからともなく流れるこの声は、多くの人にとって馴染み深いものでしょう。

一度耳にしたら忘れられないような、印象深いこの音声。みなさんは、この放送の正体をご存知でしょうか？　実際に放送しているところを見に行ったことはありますか？

実はこの放送、**「さおだけ屋さん」という商売を行う業者が流しているの**です。「たけや～さおだけ～」は、自己紹介のようなものなのです。では、「さおだけ屋さん」とはいったいどのような商売なのでしょうか？　素直に考えると、「さおだけ」を売っているお店、というふうに読めますよね。「さおだけ」とは「竿竹」、つまり物干し竿のことです。「さおだけ屋さん」とは、竹でできた物干し竿を販売する移動販売業者です。昔ながらの風情を感じさせる商売ですが、現代でも一部の地域で見かけることがあります。

「さおだけ屋さん」のもっとも大きな特徴は、**拡声器を使って放送を流し、宣伝しながら移動販売を行うスタイルです。この販売スタイルは通称「竿竹商法」と呼ばれ、石焼きいも屋さんなど、その他の移動販売でも広く採用されています。**

しかし、いくら放送で呼び止められたところで、売っているのは物干し竿です。プラスチックや金属の製品が普及していなかった時代ならともかく、現代ではネットショップやホームセンターで丈夫かつ安価な物干し竿を簡単に入手することができます。果たして、移動販売で竹製の物干し竿を買う人がどれだけいるのか……そう考えると、なぜ「さおだけ屋さん」という商売が現代でも生き残ることができているのか、という疑問が浮かびます。

商売をする上で、利益を上げるためにできることは、①売り上げを増やすこと、②費用を少なくすること、③手間を減らすこと、などが考えられます。「さおだけ屋さん」は、この3つを工夫しているのです。

まず、「さおだけ屋さん」は**単に物干し竿を売るだけではなく、セットで他の商品を販売したり、設置するための工事もあわせて提案したりして、お客さんひとりあたりの販売額を増やす工夫をしています。また、物干し竿は原価が非常に安く、仕入れにかかる費用を抑えることができています。さらに、「さおだけ屋さん」は他の商品をお客さんに配達するついでに移動販売もしているので**す。

宣伝も拡声器越しに放送を流しているだけですから、手間がほとんどかかっていません。これらの工夫があるおかげで、今でも商売として残っているのです。

「さおだけ屋さん」のあり方からは、物干し竿というシンプルな商品の販売であっても商売を工夫することが可能なのだという学びを得ることができます。今度、あの「たけや〜さおだけ〜」の放送が聞こえてきたとき、ただの懐かしい音と感じるだけでなく、日常の中にある商売の工夫も垣間見ることができるかもしれません。

Holmes' Point

・拡声器を使った移動販売スタイルは通称「竿竹商法」と呼ばれている
・仕入れにかかる費用を減らすなど、原価を非常に低く抑える工夫をしている

Challenge!

ここまで説明したように、コストを減らす工夫によって竿竹商法のお店は今でも続いているのですが、やはりそれでも全国的に数は減っているようです。収益の問題以外にも課題があったのでしょうか？

答えは175ページ

31 どうして首相選挙には投票できないの？

どこかで習った気がします。
どうしてでしたっけ？

2024年9月、岸田前首相の退任にともなう自民党の総裁選挙が行われ、決選投票までもつれた末に、石破茂氏が総裁に就任し石破内閣が発足しました。

その後、石破首相は衆議院を解散し、行われた衆議院選挙では自民党が大幅に議席を減らす結果となりました。野党が議席数を伸ばす中でも第一党の座は維持しましたが、自民・公明の連立与党で過半数を割り、政権の維持が危ぶまれることとなりました。

迎えた衆議院本会議での首相指名選挙では、1回目の投票で決着がつかず、石破首相と立憲民主党の野田佳彦代表による決選投票が行われました。その結果、石破氏が再び首相に指名され、自民党政権が維持されることとなりました。

ここまでのお話で、3つの選挙が登場しました。**①自民党の総裁選挙、②衆議院選挙、③首相指名選挙**です。①の総裁選挙は自民党の代表を選ぶものなので、自民党の中で行ってもいいとしても、**どうして私たちは②の衆議院選挙では投票できるのに、③の首相指名選挙では投票できないのでしょうか？** 国のリーダーを直接指名できないことに、問題はないのでしょうか？

選挙には「直接選挙制」と「間接選挙制」の2種類の制度があります。

国民が直接候補者に投票し選出するのが「直接選挙制」で、国民の投票により選出された代表者が、候補者に投票して選出するのが「間接選挙制」です。

日本の選挙制度において、国会議員を決める国政選挙、都道府県知事や地方議会議員などを選ぶ地方選挙はともに直接選挙制で行われますが、首相の指名には国会議員による投票で選ばれる間接選挙制が採用されています。つまり、**国民が選ぶのは国会議員であり、首相を直接選ぶ仕組みにはなっていないのです。**

アメリカでも同様に、大統領選挙は「間接選挙制」で行われています。

2024年11月にはアメリカで大統領選挙が行われました。**アメリカの大統領選挙では、まず国民が州ごとに「選挙人」を選ぶ選挙を行います。**選挙人は基本的に所属する政党の大統領候補に投票することとされているため、**どの選挙人が選ばれたかによって「大統領選挙ではどの政党の候補者に票が入るか」が事実上決まります。**選挙人の総数は538人で、彼らが投票を行い、過半数の270票以上を獲得した候補者が大統領に就任します。「間接選挙制」の代表例であると言えるでしょう。

「直接選挙制」には、国民の意見をダイレクトに反映できるというメリットがあります。だからこそ、選挙区から候補者が出馬する国政選挙や、結果が有権者の生活に反映されやすい地方選挙では、「直接選挙制」が採用されています。一方で、**国民の人気やトレンドに得票数が左右されやすいため、選挙結果が安定しにくいというデメリットもあります。**

「間接選挙制」にすることで、有権者の意見が反映されにくくなり政治参加の実感が薄くなりますが、有権者に選ばれた代表が間に入って選挙を行うことで、**有権者の意見を反映しつつも理性的で安定した選択がなされやすくなります。**一国の代表の選挙では、慎重を期して「間接選挙制」が採用されているのです。

どちらの選挙制度であっても、私たち一人ひとりの投票が、地域や国の未来を左右することに変わりはありません。選挙制度の仕組みについて理解を深め、選挙に参加してみましょう。

Holmes' Point

・直接選挙制にも間接選挙制にもメリットとデメリットがある
・一国の代表の選挙では、有権者の意見を反映し、かつ安定させるための工夫がされている

Challenge!

自分の好きな候補者に投票できる直接選挙と違い、間接選挙では間に選挙人が介在しますが、本当に有権者の意思が正しく反映されると言えるのでしょうか？

答えは 175 ページ

第1章　チャレンジ問題の答え

P17　正解は①です。留置施設（留置場）は、主に逮捕された被疑者等の身体を拘束して、取調べ等を行うための施設です。拘置所は、主に判決が確定していない被疑者・被告人を収容する施設です（ただし、このような人々は、留置施設［留置場］に入ることもあります）。また、死刑確定者を収容する施設でもあります。刑務所は、主に受刑者を収容し、処遇を行う施設です。

P22　正解は②です。入院する必要がないか、1ヶ月以下の入院の見込みのときは「軽傷」、1ヶ月以上の入院が見込まれる場合は「重症」と報道されますが、さらに命の危険がある場合は「重体」と報道されます。

P27　正解は①です。食糧の特徴は、大規模な農業が行われ、輸送や保存が可能なことです。この問題では道路が封鎖されていることで、その中の「輸送」の際に問題が発生してしまったことがわかります。

P31　「変」は、政治的な動乱や政変に対して使われる表現です。権力を持った人が、政治的陰謀などで倒されるような事件に使われます。一方で「乱」は大規模な騒乱で、基本的には権力者によって鎮圧されたものに使われます。「変」と「乱」では結末が違うのですね。

P35　新たな祝日とは、「天皇誕生日」です。平成元年（1989年）から平成30年（2018年）までは現上皇の誕生日である12月23日が「天皇誕生日」とされてきましたが、令和元年（2019年）からは今上天皇の誕生日である2月23日が「天皇誕生日」として国民の祝日になりました。

P40　正解は①です。「ホームページ」だけでは「Webサイトの最初の1ページだけしか作らなくていいのか」と思われてしまうリスクがありますが、複数のＷｅｂページがまとめられた集合体を指す「Ｗｅｂサイト」という表現を使えば誤解が起きにくいですね。

P44 「～ぶり」という表現の「～」部分には、基本的には今回から前回までの期間がそのまま入ります。この場合、最後に会ってから中学校3年間・高校3年間・大学4年間の計10年が入るので、ここでは「10年ぶり」というのが正しい表現になります。

P48 正解は③です。この場合は「根拠なく、安全だと信じられていた」という意味です。

P53 どれを選んでもいいですが、③は多くの人から「センスがある」と思ってもらえる選択かもしれません。桜が関係する歌は結構ありますが、どれも「別れ」が多いですよね。卒業シーズンに咲くものであり、「散ってしまう儚いもの、別れを想起させるもの」だと言われています。このように、「別れ」を演出するのに「桜」はぴったりなのです。

P59 「女々しい」と「雄々しい」などです。「女々しい」は、主に男性に対して未練がましくて男っぽくないことを非難するニュアンス。「雄々しい」は、男らしくてかっこいいことを意味します。このようになぜか女性的な意味合いの方が悪いニュアンスになる言葉もいくつか存在するというのは不思議な話ですね。

P63 正解は②です。殴ったということは、それは傷害の罪になる可能性があります。パワハラという名前の罪は存在しないわけです。

第2章　チャレンジ問題の答え

P72　答えは1・2h。1・25hだと思ったら大間違いです！　60kmで1hなので60kmの道のりだとわかります。60km÷40km／h＝1・5hであり、60km÷50km／h＝1・2hとなります。

P78　特に外資系の企業では社内の競争が激しく、活躍できた人はどんどん昇進して給与が上がっていく一方で、競争に敗れた人は退職していくことが多いです。平均給与は、この企業に残ることができている人たちの平均にすぎず、辞めていった人たちの給与は母数に含まれていません。そのため、その企業に入社したからといって必ずしも好待遇が得られるわけではないということに注意が必要です。

P86　2番目ですが、グラフを見ると、商品Cの売り上げのほうが多いように見えますね。しかし、実際は下の通りです。

商品A 16％／商品B 25％／商品C 16％／商品D 10％／商品E 15％／商品F 18％。

このように、実は商品Bの売り上げが一番多く、商品Cは他の商品並みにしか売り上げていないのです。円グラフは面積の大きさで表現するグラフなので、3Dになって奥行きが出てしまうと誤認しやすく、危険です。

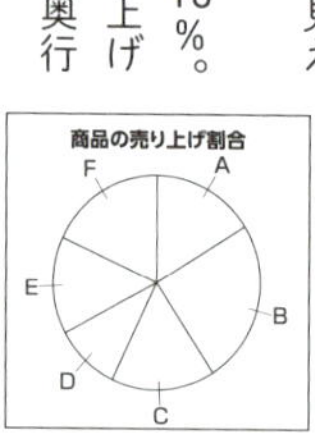

P91　これは実は、そうとも限りません。なぜなら順番が逆で、あなたの通販サイトに気に入った商品が多いと感じている人ほどリピーターになり、あなたの通販サイトを多く利用している可能性があるからです。

P95　答えは「その地域自体の人数が減っている可能性」です。仮にそこに住んでいる人の2％が訪れるお店だったとして、その地域の人が4000人いる場合、毎日80人来ますよね。それが3000人に減ったら、毎日60人しか来なくなってしまい、20人減りますよね。評判が落ちていなくても、その地域全体のお客さんの数が減る可能性もあるわけですね。

P100 平均値は80点で、中央値は45点です。A～Eくんの合計点は400点なので5人で割って80点ですね。さらに3番目はAくん45点なのでこれが中央値ですね。このテストも結構乖離がありますね。

P105 4月に1000万！ 5月は0円！ などという可能性もありますが、微分の発想で考えると、3ヶ月の平均売り上げは300万円です。それが12ヶ月続くと考えると、合計3600万円となります。

P109 正解は③です。ビッグマックと同じように、牛丼も経済全体の影響を受けていると考えられます。

P114 正解は①です。「1部ください」だとチラシを1枚だけ求める表現になりますが、「一部ください」だとチラシ全体における一部を求める表現にもなり、1枚だけとは限りません。

P119 帯広の人口がそこまで多くないというのがもうひとつの理由です。もし人口が多ければ、作った食料が多くてもあまり輸出できませんよね。自分たちで食べてしまうからです。しかし、帯広の人口は多くないので、作ったもののほとんどを外に出すことができるわけですね。

P125 「中東」という言葉には明確な定義がなく、時代や文脈によっても指している範囲が微妙に変わるのですが、基本的には西アジア地域に加え、エジプトやリビア、スーダンなどアフリカの一部を含むことが多いです。一方で西アジアは、地理的な位置に基づいて国連が明確に区分しているくくりになります。

第3章　チャレンジ問題の答え

P134　クレジットカード会社があなたの支払いを立て替えてくれたからです。立て替えた代金は毎月の決められた日に銀行口座から引き落とされますので、その日までに銀行口座に十分な金額を入れておく必要があります。

P138　スーパーはどんどん人が並んで、どんどんレジで商品を買っていくものです。並んでいる人がどんどん捌けていくように、回転率が高い方がいいですよね。そう考えると、「縦型」の方がいいですね。

P143　薬局には、営業中は必ず薬剤師がいなければならないという法律があります。しかし、深夜まで営業しているドラッグストアなどでは、必ずしも薬剤師を常駐させることができない場合があります。そのため、そういった店舗では「薬局」と「それ以外」の売り場とで別々のお店として届出をして、薬剤師がいない時間は薬局のお店を閉店するという形をとっています。そのため、会計が別になるのです。

P147　本来、メーカーは自分たちの商品の需要を把握して製造しなければならないので、思ったより売れなくて作り過ぎてしまったり、逆に足りなくなったりするリスクがあります。しかし、プライベートブランドは発注された数のみを生産すればいいので、無駄が減って収益が安定するというメリットがあるのです。

P151　実は、コンビニの多くは「フランチャイズ店」といって、あくまでチェーン店の名前や商品・サービスの販売権を与えられているだけで、それぞれの店舗が独立して経営されています。お店の利益はそれぞれの店舗で確保しなければならないので、店舗単位で言うと、近隣に同じコンビニができるのは売り上げの減少につながってしまうのです。ブランド全体で見たらいい戦略でも、各店舗の経営者からすると良

いことばかりではないのですね。

P155 ①がホットペッパー、②がじゃらんと同じ形式ですね。やはりいろんな会社と関係を作るのであれば、②の方がいいでしょう。「一緒にこの商品を売っていきましょう！　こうした方がもっと売れますよ！」と相談しながら一緒に売っていくことができますね。

P159 その駅前商店街が魅力的だという可能性も十分ありますが、その駅の利用者がずっと多いままで維持されているパターンも考えられますね。駅を利用する人数が多いから、その商店街も利用されているという場合ですね。

P164 実はこの「竿竹商法」、一部の悪徳な業者がお客さんに不当な押し売りをしたり、お客さんから声をかけたのだからクーリングオフができないと主張したりして、数年前に大きな社会問題となったのです。もちろんそういう業者ばかりではありませんが、お客さんの警戒意識が高まったことが竿竹商法のお店の減少につながったのかもしれません。

P169 この問いに答えはありません。正しく反映される場合もあります。しかし有権者が同じように投票したとしても、直接選挙と間接選挙で異なる候補者が当選する場合があるのです。例えば、あなたの意見と一番合致する政策を目指す候補者が、ある政党Aにいるとします。しかし、政党単位で見ると、政党Aよりも別の政党Bの主張する政策の方があなたの意見に合致するとします。このとき、あなたは直接選挙であれば政党Aの候補者に投票しますが、間接選挙であれば政党B（米大統領選なら選挙人）に投票することになるでしょう。

西岡壱誠 にしおか・いっせい

1996年生まれ。株式会社カルペ・ディエム代表。偏差値35から東大を目指すも、2浪する。3年目から勉強法を見直し、偏差値70、東大模試で全国4位となり、東大合格を果たす。東大入学後、人気漫画『ドラゴン桜2』（講談社）に情報提供を行う「ドラゴン桜2 東大生プロジェクトチーム『東龍門』」のプロジェクトリーダーを務め、TBSドラマ日曜劇場「ドラゴン桜」の脚本監修を担当。『「読む力」と「地頭力」がいっきに身につく東大読書』（東洋経済新報社）など著書多数。

絵	大野文彰
装丁・本文デザイン	永田理沙子（dig）
DTP	ローヤル企画
図版	隈部康宏
協力	串橋岳・新倉和花（カルペ・ディエム）

東大視点
ものごとの本質を見抜くための31の疑問

2025年1月30日　第1刷発行

著者	西岡壱誠
発行人	見城 徹
編集人	中村晃一
編集者	渋沢 瑤

発行所　株式会社 幻冬舎
　　　　〒151-0051 東京都渋谷区千駄ヶ谷4-9-7
　　　　電話：03(5411)6215(編集)
　　　　　　　03(5411)6222(営業)

印刷・製本所　株式会社 光邦

検印廃止

万一、落丁乱丁のある場合は送料小社負担でお取替致します。小社宛にお送り下さい。本書の一部あるいは全部を無断で複写複製することは、法律で認められた場合を除き、著作権の侵害となります。定価はカバーに表示してあります。

©ISSEI NISHIOKA, GENTOSHA 2025
Printed in Japan
ISBN978-4-344-79225-8　C0030

ホームページアドレス　https://www.gentosha-edu.co.jp/

この本に関するご意見・ご感想は、下記アンケートフォームからお寄せください。
https://www.gentosha.co.jp/e/edu/